입이 트이는 중국어 ①

머리말

아직도 1994년 1월 그날의 기억이 생생합니다. 중국어를 배우겠다고 처음 중국어학원의 문을 두드렸던 날인데요. 당시 외국어라면 중·고등학교를 다니면서 배웠던 영어가 전부였던 건 비단 저뿐만이 아니었을 겁니다. 기대 반 걱정 반으로 처음 참여한 중국어 수업은 무척 새로웠고, 흥미로웠습니다. 흔히 공부라고 하면 책상에 앉아 책을 펴놓고, 펜으로 밑줄을 그어가며 집중하는 모습을 떠올리게 됩니다. 그러나 선생님께서 무려 구천 원이나 주고 산 교재를 과감히 덮어두라고 하시더니, 그저 선생님의 중국어를 큰 소리로 따라 하라고 하셨습니다. 그리고는 당시 워크맨 혹은 마이마이로 불리던 소형 녹음기에 수업 내용을 녹음해 듣는 것을 숙제로 내주셨는데, 이것만큼은 학생들이 귀찮게 느낄 정도로 꼼꼼하게 챙기셨습니다. 이렇게 매일 45분 동안 어미 오리 뒤를 졸졸 따라다니는 새끼 오리처럼 중국어를 따라 했습니다. 결과는 충격이었습니다. 4개월간의 '중국어 따라 하기'를 마치고 중국에 갔는데, 어설픈 중국어를 나도 모르게 입 밖으로 내뱉게 되었고, 또 그것을 알아듣는 중국인이 있었거든요. 그 후의 이야기는 말씀드리지 않아도 되겠지요? 이 책은 바로 이러한 '중국어 학습 성공기'를 바탕으로 만들어졌습니다. 많은 분들이 이 책을 통해 중국어로 입이 트이는 기적을 경험할 수 있기를 바랍니다. 끝으로 이 책이 나오기까지 많은 도움을 주신 분들께 감사를 표합니다.

홍상욱 올림

목차

DAY 1 나는 간다 ······ 06

DAY 2 나는 밥을 먹는다 ······ 14

DAY 3 아빠가 본다 ······ 22

DAY 4 엄마는 물건을 사요 ······ 30

DAY 5 주간 연습 및 시험 ······ 38

DAY 6 이것은 책입니다 ······ 46

DAY 7 이것은 내 것입니다 ······ 54

DAY 8 나는 여동생이 있다 ······ 62

DAY 9 지금 몇 시입니까? ······ 70

DAY 10 주간 연습 및 시험 ······ 78

DAY 11 나의 아버지, 내가 산 것 ·············· 86

DAY 12 매우 좋다 ·············· 94

DAY 13 오늘은 몇 월 며칠입니까? ·············· 102

DAY 14 밥을 먹지 않았어요 ·············· 110

DAY 15 주간 연습 및 시험 ·············· 118

DAY 16 중국요리를 먹고 싶어요 ·············· 126

DAY 17 중국어를 할 수 있어요 ·············· 134

DAY 18 언제 돌아오나요? ·············· 142

DAY 19 안녕하세요 ·············· 150

DAY 20 주간 연습 및 시험 ·············· 158

본문 한자 ·············· 166

DAY 1

나는 간다

▼▼▼▼
학습목표

'간다', '온다'와 같은 동작을 나타내는 단어를 활용한 다양한 표현을 배웁니다.

STEP 01 단어 큰 소리로 단어를 읽어 봅시다

- 나 wǒ
- 너 nǐ
- 그 tā
- 그녀 tā
- 오다 lái
- 가다 qù
- 베이징 Běijīng
- 상하이 Shànghǎi
- 아니다 bù 동사 앞에 쓰여 부정을 나타냄
- 의문조사 ma 문장의 끝부분에 놓여 의문을 표시함

- 한국 Hánguó
- 중국 Zhōngguó
- 회사 gōngsī
- 학교 xuéxiào
- 병원 yīyuàn
- 가게 shāngdiàn

STEP 02 문장 큰 소리로 문장을 읽어 봅시다

- 나는 온다.
- 너는 온다.
- 그는 온다.

- 너는 오니?
- 그는 오니?
- 그녀는 오니?

- 나는 베이징에 온다.
- 너는 상하이에 온다.
- 그는 한국에 온다.

- 너는 베이징에 오니?
- 그는 상하이에 오니?
- 그녀는 중국에 오니?

▷ Wǒ lái.
▷ Nǐ lái.
▷ Tā lái.

▷ Nǐ lái ma?
▷ Tā lái ma?
▷ Tā lái ma?

▷ Wǒ lái Běijīng.
▷ Nǐ lái Shànghǎi.
▷ Tā lái Hánguó.

▷ Nǐ lái Běijīng ma?
▷ Tā lái Shànghǎi ma?
▷ Tā lái Zhōngguó ma?

STEP 03

문장 큰 소리로 문장을 읽어 봅시다

- 나는 간다.
- 너는 간다.
- 그는 간다.

- 너는 가니?
- 그는 가니?
- 그녀는 가니?

- 나는 베이징에 간다.
- 너는 상하이에 간다.
- 그는 한국에 간다.

- 너는 상하이에 가니?
- 그는 한국에 가니?
- 그녀는 중국에 가니?

▷ Wǒ qù.
▷ Nǐ qù.
▷ Tā qù.

▷ Nǐ qù ma?
▷ Tā qù ma?
▷ Tā qù ma?

▷ Wǒ qù Běijīng.
▷ Nǐ qù Shànghǎi.
▷ Tā qù Hánguó.

▷ Nǐ qù Shànghǎi ma?
▷ Tā qù Hánguó ma?
▷ Tā qù Zhōngguó ma?

STEP 04 문장 큰 소리로 문장을 읽어 봅시다

- 너는 안 온다.
- 그는 안 온다.
- 그녀는 안 온다.

- 너는 안 오니?
- 그는 안 오니?
- 그녀는 안 오니?

- 너는 학교에 안 온다.
- 그는 병원에 안 온다.
- 그녀는 가게에 안 온다.

- 너는 학교에 안 오니?
- 그는 병원에 안 오니?
- 그녀는 회사에 안 오니?

▷ Nǐ bù lái.
▷ Tā bù lái.
▷ Tā bù lái.

▷ Nǐ bù lái ma?
▷ Tā bù lái ma?
▷ Tā bù lái ma?

▷ Nǐ bù lái xuéxiào.
▷ Tā bù lái yīyuàn.
▷ Tā bù lái shāngdiàn.

▷ Nǐ bù lái xuéxiào ma?
▷ Tā bù lái yīyuàn ma?
▷ Tā bù lái gōngsī ma?

STEP 05 문장 큰 소리로 문장을 읽어 봅시다

- 나는 안 간다.
- 너는 안 간다.
- 그는 안 간다.

- 너는 안 가니?
- 그는 안 가니?
- 그녀는 안 가니?

- 나는 회사에 안 간다.
- 너는 학교에 안 간다.
- 그녀는 가게에 안 간다.

- 너는 회사에 안 가니?
- 그는 학교에 안 가니?
- 그녀는 병원에 안 가니?

▷ Wǒ bú qù.
▷ Nǐ bú qù.
▷ Tā bú qù.

▷ Nǐ bú qù ma?
▷ Tā bú qù ma?
▷ Tā bú qù ma?

▷ Wǒ bú qù gōngsī.
▷ Nǐ bú qù xuéxiào.
▷ Tā bú qù shāngdiàn.

▷ Nǐ bú qù gōngsī ma?
▷ Tā bú qù xuéxiào ma?
▷ Tā bú qù yīyuàn ma?

STEP 06

발음 어려운 발음을 차근차근 연습해 봅시다

TIP 1
'bù'의 성조 변화

'아니다'를 나타내는 'bù'는 원래 4성입니다. 하지만 뒤에 따라오는 글자의 성조에 따라서 성조가 변하기도 합니다. 예를 들어 'bú qù'와 같이 뒤에 따라오는 음이 4성인 경우에는 2성, 즉 'bú'로 발음합니다.

TIP 2
중국어의 'qu' 발음

'qu'는 언뜻 보기에 '큐'라고 발음하기 쉽지만, 입술을 동그랗게 오므리고 '취'라고 발음합니다. 이때 주의할 것은 우리말 '취'처럼 발음하면 안 됩니다. 우리말 '취'를 발음할 때는 오므린 입술이 열리면서 소리가 나지만, 중국어에서는 끝까지 오므린 상태를 유지해야 합니다.

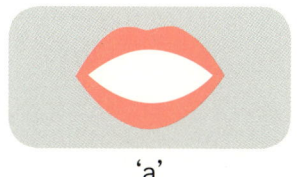

'a'

'qu'

DAY 2

나는 밥을 먹는다

▼▼▼▼
학습목표

───────────────

'먹다', '마시다'와 같은 동작을 나타내는 단어를 활용한 다양한 표현을 배웁니다.

STEP 01

단어 큰 소리로 단어를 읽어 봅시다

- 먹다 chī
- 마시다 hē
- 밥 fàn
- 쌀국수 mǐxiàn
- 중국요리 zhōngguócài
- 한국요리 hánguócài
- 차 chá
- 술 jiǔ
- 콜라 kělè
- 사과주스 píngguǒzhī

STEP 02 문장 큰 소리로 문장을 읽어 봅시다

- 나는 먹는다.
- 너는 먹는다.
- 그는 먹는다.

- 너는 먹니?
- 그는 먹니?
- 그녀는 먹니?

- 나는 밥을 먹는다.
- 너는 쌀국수를 먹는다.
- 그는 중국요리를 먹는다.

- 너는 밥을 먹니?
- 그는 중국요리를 먹니?
- 그녀는 한국요리를 먹니?

▷ Wǒ chī.
▷ Nǐ chī.
▷ Tā chī.

▷ Nǐ chī ma?
▷ Tā chī ma?
▷ Tā chī ma?

▷ Wǒ chī fàn.
▷ Nǐ chī mǐxiàn.
▷ Tā chī zhōngguócài.

▷ Nǐ chī fàn ma?
▷ Tā chī zhōngguócài ma?
▷ Tā chī hánguócài ma?

STEP 03

문장 큰 소리로 문장을 읽어 봅시다

- 나는 마신다.
- 너는 마신다.
- 그는 마신다.

- 너는 마시니?
- 그는 마시니?
- 그녀는 마시니?

- 나는 차를 마신다.
- 너는 술을 마신다.
- 그는 콜라를 마신다.

- 너는 차를 마시니?
- 그는 콜라를 마시니?
- 그녀는 사과주스를 마시니?

▷ Wǒ hē.
▷ Nǐ hē.
▷ Tā hē.

▷ Nǐ hē ma?
▷ Tā hē ma?
▷ Tā hē ma?

▷ Wǒ hē chá.
▷ Nǐ hē jiǔ.
▷ Tā hē kělè.

▷ Nǐ hē chá ma?
▷ Tā hē kělè ma?
▷ Tā hē píngguǒzhī ma?

STEP 04

문장 큰 소리로 문장을 읽어 봅시다

- 나는 안 먹는다.
- 너는 안 먹는다.
- 그는 안 먹는다.

- 너는 안 먹니?
- 그는 안 먹니?
- 그녀는 안 먹니?

- 나는 밥을 안 먹는다.
- 너는 쌀국수를 안 먹는다.
- 그는 중국요리를 안 먹는다.

- 너는 밥을 안 먹니?
- 그는 중국요리를 안 먹니?
- 그녀는 한국요리를 안 먹니?

▷ Wǒ bù chī.
▷ Nǐ bù chī.
▷ Tā bù chī.

▷ Nǐ bù chī ma?
▷ Tā bù chī ma?
▷ Tā bù chī ma?

▷ Wǒ bù chī fàn.
▷ Nǐ bù chī mǐxiàn.
▷ Tā bù chī zhōngguócài.

▷ Nǐ bù chī fàn ma?
▷ Tā bù chī zhōngguócài ma?
▷ Tā bù chī hánguócài ma?

STEP 05

문장 큰 소리로 문장을 읽어 봅시다

- 나는 안 마신다.
- 너는 안 마신다.
- 그는 안 마신다.

- 너는 안 마시니?
- 그는 안 마시니?
- 그녀는 안 마시니?

- 나는 차를 안 마신다.
- 너는 술을 안 마신다.
- 그녀는 사과주스를 안 마신다.

- 너는 차를 안 마시니?
- 그는 술을 안 마시니?
- 그녀는 콜라를 안 마시니?

▷ Wǒ bù hē.
▷ Nǐ bù hē.
▷ Tā bù hē.

▷ Nǐ bù hē ma?
▷ Tā bù hē ma?
▷ Tā bù hē ma?

▷ Wǒ bù hē chá.
▷ Nǐ bù hē jiǔ.
▷ Tā bù hē píngguǒzhī.

▷ Nǐ bù hē chá ma?
▷ Tā bù hē jiǔ ma?
▷ Tā bù hē kělè ma?

STEP 06

발음 어려운 발음을 차근차근 연습해 봅시다

TIP 1

중국어의 'he' 발음

'he'는 '흐(어)'라고 발음합니다. 중국어에서 'e'는 '에'로 발음하지 않고, '으' 발음 끝에 '어'를 붙입니다. '어' 발음을 슬쩍 끼워 넣듯 발음하는 것이 핵심입니다.

TIP 2

중국어의 'chi' 발음

'chi'는 중국어 발음의 꽃이라고 할 정도로 멋진 발음입니다. 혀를 입천장에 들어올렸다가 밀어내면서 '츠'라고 발음합니다. 혀 뒤쪽이 입천장에 슬쩍 닿기도 합니다.

'he'

'chi'

DAY 3

아빠가 본다

학습목표

동작을 행하는 사람을 가족으로 확대하고, '보다', '드시다'와 같은 동작을 나타내는 단어를 활용한 다양한 표현을 배웁니다.

STEP 01

단어 큰 소리로 단어를 읽어 봅시다

- 할아버지 yéye
- 할머니 nǎinai
- 아빠 bàba
- 엄마 māma
- 보다 kàn
- 듣다 tīng
- 언니·누나 jiějie
- 오빠·형 gēge
- 여동생 mèimei
- 남동생 dìdi
- TV diànshì

- 신문 bào(zhǐ)
- 영화 diànyǐng
- 책 shū
- 음악 yīnyuè
- 노래 gē
- 수업 kè
- 소설 xiǎoshuō

STEP 02 문장 큰 소리로 문장을 읽어 봅시다

- 할아버지가 본다.
- 아빠가 본다.
- 엄마가 본다.

- 할머니가 보나요?
- 아빠가 보나요?
- 엄마가 보나요?

- 할아버지가 TV를 보신다.
- 아빠가 신문을 본다.
- 엄마가 영화 본다.

- 할머니가 책을 보시나요?
- 아빠가 신문을 보나요?
- 엄마가 영화를 보나요?

▷ Yéye kàn.
▷ Bàba kàn.
▷ Māma kàn.

▷ Nǎinai kàn ma?
▷ Bàba kàn ma?
▷ Māma kàn ma?

▷ Yéye kàn diànshì.
▷ Bàba kàn bào.
▷ Māma kàn diànyǐng.

▷ Nǎinai kàn shū ma?
▷ Bàba kàn bào ma?
▷ Māma kàn diànyǐng ma?

STEP 03

문장 큰 소리로 문장을 읽어 봅시다

- 언니가 듣는다.
- 오빠가 듣는다.
- 여동생이 듣는다.

- 언니가 듣나요?
- 오빠가 듣나요?
- 남동생이 듣나요?

- 누나가 음악을 듣는다.
- 형이 노래를 듣는다.
- 여동생이 수업을 듣는다.

- 누나가 음악을 듣나요?
- 형이 노래를 듣나요?
- 남동생이 수업을 듣나요?

▷ Jiějie tīng.
▷ Gēge tīng.
▷ Mèimei tīng.

▷ Jiějie tīng ma?
▷ Gēge tīng ma?
▷ Dìdi tīng ma?

▷ Jiějie tīng yīnyuè.
▷ Gēge tīng gē.
▷ Mèimei tīng kè.

▷ Jiějie tīng yīnyuè ma?
▷ Gēge tīng gē ma?
▷ Dìdi tīng kè ma?

STEP 04 문장 큰 소리로 문장을 읽어 봅시다

- 언니가 안 본다.
- 오빠가 안 본다.
- 여동생이 안 본다.

- 언니가 안 보니?
- 오빠가 안 보니?
- 여동생이 안 보니?

- 누나는 TV를 안 본다.
- 형은 책을 안 본다.
- 여동생은 소설을 안 본다.

- 형은 TV를 안 보나요?
- 여동생이 소설을 안 보나요?
- 남동생이 영화를 안 보나요?

▷ Jiějie bú kàn.
▷ Gēge bú kàn.
▷ Mèimei bú kàn.

▷ Jiějie bú kàn ma?
▷ Gēge bú kàn ma?
▷ Mèimei bú kàn ma?

▷ Jiějie bú kàn diànshì.
▷ Gēge bú kàn shū.
▷ Mèimei bú kàn xiǎoshuō.

▷ Gēge bú kàn diànshì ma?
▷ Mèimei bú kàn xiǎoshuō ma?
▷ Dìdi bú kàn diànyǐng ma?

STEP 05

문장 큰 소리로 문장을 읽어 봅시다

- 할아버지는 안 듣는다.
- 아빠는 안 듣는다.
- 엄마는 안 듣는다.

- 할아버지는 안 들으시니?
- 아빠는 안 듣니?
- 엄마는 안 듣니?

- 할머니는 노래를 안 듣는다.
- 아빠는 음악을 안 듣는다.
- 엄마는 수업을 안 듣는다.

- 할아버지는 음악을 안 들으시니?
- 할머니는 노래를 안 들으시니?
- 아빠는 수업을 안 들으시니?

▷ Yéye bù tīng.
▷ Bàba bù tīng.
▷ Māma bù tīng.

▷ Yéye bù tīng ma?
▷ Bàba bù tīng ma?
▷ Māma bù tīng ma?

▷ Nǎinai bù tīng gē.
▷ Bàba bù tīng yīnyuè.
▷ Māma bù tīng kè.

▷ Yéye bù tīng yīnyuè ma?
▷ Nǎinai bù tīng gē ma?
▷ Bàba bù tīng kè ma?

STEP 06

발음 어려운 발음을 차근차근 연습해 봅시다

TIP 1
성조 표시가 없는 글자는?

성조 표시가 없는 글자는 가볍게 소리 내면 됩니다. 아래의 단어들로 연습해 봅시다.

할아버지 yéye   할머니 nǎinai
아빠 bàba   엄마 māma

TIP 2
중국어의 'yue' 발음

'yue'는 '유에'로 발음하지 않고, '위에'라고 발음해야 합니다. 특히 '위' 발음에서 입술을 동그랗게 오므린 상태를 유지하며 발음하는 것이 핵심입니다.

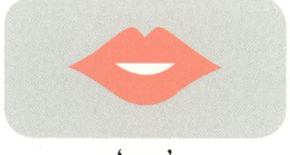

'yue'

DAY 4

엄마는 물건을 사요

▼▼▼▼
학습목표
───────────────────────
'사다', '말하다'와 같은 동작을 나타내는 단어를 활용한 다양한 표현을 배웁니다.

STEP 01 단어 큰 소리로 단어를 읽어 봅시다

- 사다 mǎi
- 말하다 shuō
- 물건 dōngxi
- 사과 píngguǒ
- 과일 shuǐguǒ
- 컴퓨터 diànnǎo
- 옷 yīfu
- 생수 kuàngquánshuǐ
- 화장품 huàzhuāngpǐn
- 중국어 Hànyǔ
- 한국어 Hányǔ

- 영어 Yīngyǔ
- 일본어 Rìyǔ
- 불어 Fǎyǔ
- 독일어 Déyǔ

STEP 02

문장 큰 소리로 문장을 읽어 봅시다

- 나는 산다.
- 너는 산다.
- 그는 산다.

- 너는 사니?
- 그는 사니?
- 그녀는 사니?

- 나는 물건을 산다.
- 너는 사과를 산다.
- 그는 과일을 산다.

- 너는 물건을 사니?
- 그는 사과를 사니?
- 그녀는 컴퓨터를 사니?

▷ Wǒ mǎi.
▷ Nǐ mǎi.
▷ Tā mǎi.

▷ Nǐ mǎi ma?
▷ Tā mǎi ma?
▷ Tā mǎi ma?

▷ Wǒ mǎi dōngxi.
▷ Nǐ mǎi píngguǒ.
▷ Tā mǎi shuǐguǒ.

▷ Nǐ mǎi dōngxi ma?
▷ Tā mǎi píngguǒ ma?
▷ Tā mǎi diànnǎo ma?

STEP 03

문장 큰 소리로 문장을 읽어 봅시다

- 할아버지는 말한다.
- 아빠는 말한다.
- 엄마는 말한다.

- 할머니는 말하니?
- 아빠는 말하니?
- 엄마는 말하니?

- 할아버지는 중국어를 한다.
- 아빠는 한국어를 한다.
- 엄마는 일본어를 말한다.

- 할머니는 중국어를 말하니?
- 아빠는 한국어를 말하니?
- 엄마는 일본어를 말하니?

▷ Yéye shuō.
▷ Bàba shuō.
▷ Māma shuō.

▷ Nǎinai shuō ma?
▷ Bàba shuō ma?
▷ Māma shuō ma?

▷ Yéye shuō Hànyǔ.
▷ Bàba shuō Hányǔ.
▷ Māma shuō Rìyǔ.

▷ Nǎinai shuō Hànyǔ ma?
▷ Bàba shuō Hányǔ ma?
▷ Māma shuō Rìyǔ ma?

STEP 04 문장 큰 소리로 문장을 읽어 봅시다

- 오빠는 안 산다.
- 언니는 안 산다.
- 여동생은 안 산다.

- 오빠는 안 사니?
- 언니는 안 사니?
- 남동생은 안 사니?

- 형은 옷을 안 산다.
- 누나는 생수를 안 산다.
- 남동생은 책을 안 산다.

- 형은 옷을 안 사니?
- 누나는 생수를 안 사니?
- 여동생은 화장품을 안 사니?

▷ Gēge bù mǎi.
▷ Jiějie bù mǎi.
▷ Mèimei bù mǎi.

▷ Gēge bù mǎi ma?
▷ Jiějie bù mǎi ma?
▷ Dìdi bù mǎi ma?

▷ Gēge bù mǎi yīfu.
▷ Jiějie bù mǎi kuàngquánshuǐ.
▷ Dìdi bù mǎi shū.

▷ Gēge bù mǎi yīfu ma?
▷ Jiějie bù mǎi kuàngquánshuǐ ma?
▷ Mèimei bù mǎi huàzhuāngpǐn ma?

STEP 05

문장 큰 소리로 문장을 읽어 봅시다

- 나는 말하지 않는다.
- 너는 말하지 않는다.
- 그는 말하지 않는다.

- 너는 말하지 않니?
- 그는 말하지 않니?
- 그녀는 말하지 않니?

- 나는 영어를 하지 않는다.
- 너는 일본어를 하지 않는다.
- 그는 불어를 하지 않는다.

- 너는 영어를 하지 않니?
- 그는 일본어를 하지 않니?
- 그녀는 불어를 하지 않니?

▷ Wǒ bù shuō.
▷ Nǐ bù shuō.
▷ Tā bù shuō.

▷ Nǐ bù shuō ma?
▷ Tā bù shuō ma?
▷ Tā bù shuō ma?

▷ Wǒ bù shuō Yīngyǔ.
▷ Nǐ bù shuō Rìyǔ.
▷ Tā bù shuō Fǎyǔ.

▷ Nǐ bù shuō Yīngyǔ ma?
▷ Tā bù shuō Rìyǔ ma?
▷ Tā bù shuō Fǎyǔ ma?

STEP 06 발음 어려운 발음을 차근차근 연습해 봅시다

중국어의 'yu' 발음 TIP 1

'yu'는 '유'로 발음하지 않습니다. 'u' 발음은 앞에 오는 자음에 따라서 '위'가 되기도 하고 '우'가 되기도 합니다. 'yu' 발음에서 'u'는 '위'라고 발음합니다.

중국어의 'ri' 발음 TIP 2

'ri'는 '리'라고 발음하지 않습니다. 'ri'에서 'i'는 발음하지 않고, 혀가 입천장에 닿을 듯 말 듯한 상태에서 밀어내는 기분으로 '르'라고 발음합니다.

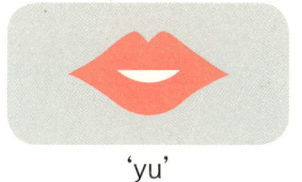

'yu'

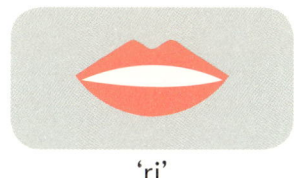

'ri'

주간 연습 및 시험

▼▼▼▼
학습목표

그동안 배웠던 표현을 활용하여 다양한 문장을 만들어 봅니다.

STEP 01 단어 큰 소리로 단어를 읽어 봅시다

- 은행 yínháng
- 백화점 bǎihuòshāngdiàn
- 호텔 jiǔdiàn
- 공항 jīchǎng
- 정류장 chēzhàn
- 기차역 huǒchēzhàn
- 공원 gōngyuán
- 오렌지주스 chéngzhī
- 딸기주스 cǎoméizhī
- 포도주스 pútaozhī
- 비빔밥 bànfàn

- 맥주 píjiǔ
- 잡지 zázhì
- 축구 zúqiú
- 고전음악 gǔdiǎnyīnyuè
- 펜 bǐ
- 쓰다 xiě
- 읽다 niàn

STEP 02 문장 큰 소리로 문장을 읽어 봅시다

- 오빠는 은행에 간다.
- 언니가 백화점에 간다.
- 여동생은 호텔에 간다.
- 남동생은 공항에 간다.

- 아버지는 정류장으로 온다.
- 어머니는 기차역으로 온다.
- 할아버지는 공원에 온다.
- 할머니는 은행에 온다.

- 너는 오렌지주스를 마시니?
- 나는 딸기주스를 마신다.
- 그는 콜라를 마시지 않는다.
- 그녀는 포도주스를 마신다.

▷ Gēge qù yínháng.
▷ Jiějie qù bǎihuòshāngdiàn.
▷ Mèimei qù jiǔdiàn.
▷ Dìdi qù jīchǎng.

▷ Bàba lái chēzhàn.
▷ Māma lái huǒchēzhàn.
▷ Yéye lái gōngyuán.
▷ Nǎinai lái yínháng.

▷ Nǐ hē chéngzhī ma?
▷ Wǒ hē cǎoméizhī.
▷ Tā bù hē kělè.
▷ Tā hē pútaozhī.

STEP 03

문장 큰 소리로 문장을 읽어 봅시다

- 나는 중국신문을 본다.
- 너는 한국신문을 보니 안 보니?
- 그는 한국신문을 보지 않는다.
- 그녀는 신문을 보지 않는다．

- 할머니는 비빔밥을 드신다.
- 할아버지는 맥주를 마신다.
- 어머니는 잡지를 본다.
- 아버지는 축구를 본다.

- 너는 음악을 듣니?
- 나는 음악을 듣지 않는다.
- 그는 고전음악을 듣는다.
- 그녀는 고전음악을 듣지 않는다.

▷ Wǒ kàn zhōngguóbào.
▷ Nǐ kàn bu kàn hánguóbào?
▷ Tā bú kàn hánguóbào.
▷ Tā bú kàn bào.

▷ Nǎinai chī bànfàn.
▷ Yéye hē píjiǔ.
▷ Māma kàn zázhì.
▷ Bàba kàn zúqiú.

▷ Nǐ tīng yīnyuè ma?
▷ Wǒ bù tīng yīnyuè.
▷ Tā tīng gǔdiǎnyīnyuè.
▷ Tā bù tīng gǔdiǎnyīnyuè.

STEP 04

문장 큰 소리로 문장을 읽어 봅시다

- 나는 포도를 산다.
- 너는 딸기를 산다.
- 그는 과일을 산다.
- 그녀는 오렌지를 사지 않는다.

- 오빠가 중국말을 한다.
- 언니가 한국말을 한다.
- 여동생이 일본어를 한다.
- 남동생이 독일어를 한다.

- 할머니가 화장품을 산다.
- 할아버지가 신문을 산다.
- 아버지가 펜을 산다.
- 어머니는 중국잡지를 산다.

▷ Wǒ mǎi pútao.
▷ Nǐ mǎi cǎoméi.
▷ Tā mǎi shuǐguǒ.
▷ Tā bù mǎi chéngzi.

▷ Gēge shuō Hànyǔ.
▷ Jiějie shuō Hányǔ.
▷ Mèimei shuō Rìyǔ.
▷ Dìdi shuō Déyǔ.

▷ Nǎinai mǎi huàzhuāngpǐn.
▷ Yéye mǎi bào.
▷ Bàba mǎi bǐ.
▷ Māma mǎi zhōngguózázhì.

STEP 05

문장 큰 소리로 문장을 읽어 봅시다

- 너는 보니 안 보니?
- 그는 듣니 안 듣니?
- 그녀는 먹니 안 먹니?
- 너는 마시니 안 마시니?

- 할아버지는 오니 안 오니?
- 할머니는 가니 안 가니?
- 아버지는 사니 안 사니?
- 어머니는 듣니 안 듣니?

- 형은 말하니 말하지 않니?
- 누나는 쓰니 안 쓰니?
- 남동생은 읽니 안 읽니?
- 여동생은 마시니 안 마시니?

▷ Nǐ kàn bu kàn?
▷ Tā tīng bu tīng?
▷ Tā chī bu chī?
▷ Nǐ hē bu hē?

▷ Yéye lái bu lái?
▷ Nǎinai qù bu qù?
▷ Bàba mǎi bu mǎi?
▷ Māma tīng bu tīng?

▷ Gēge shuō bu shuō?
▷ Jiějie xiě bu xiě?
▷ Dìdi niàn bu niàn?
▷ Mèimei hē bu hē?

STEP 06

발음 어려운 발음을 차근차근 연습해 봅시다

TIP 1
'e'가 다른 모음과 만나면

'ie', 'ei'처럼 'e'가 다른 모음과 만나서 결합모음이 되면 '으어'가 아닌 '에'로 발음합니다. 그러나 'Déyǔ(독일어)'에서 'e'는 '으어'로 발음합니다.

TIP 2
중국어의 'nian' 발음

'nian'은 '니안'으로 발음하지 않고 '니엔'으로 발음합니다.

TIP 3
'bù'의 성조 변화

앞서 배웠던 것처럼 '아니다'를 나타내는 'bù'는 원래 4성이지만 때에 따라 성조가 변하기도 합니다. 예를 들어 4성 앞에서는 2성으로 발음하고, 'A bu A' 형식에서 'bu'는 경성으로 발음합니다.

DAY 6

이것은 책입니다

학습목표

기본문형인 '~입니다'를 활용한 다양한 표현을 배웁니다.

STEP 01

단어 큰 소리로 단어를 읽어 봅시다

- 이·이것·이 사람 zhè
- ~이다 shì
- 컵 bēizi
- 의자 yǐzi
- 탁자 zhuōzi
- 저·저것·저 사람 nà
- 나의 wǒ de
- 너의 nǐ de
- 그의 tā de
- 그녀의 tā de
- 학생 xuésheng

- 선생님 lǎoshī
- 의사 yīshēng
- 친구 péngyou

STEP 02 문장 큰 소리로 문장을 읽어 봅시다

- 이것은 컵입니다.
- 이것은 의자입니다.
- 이것은 탁자입니다.

- 저것은 옷입니까?
- 저것은 화장품입니까?
- 저것은 컴퓨터입니까?

- 이것은 저의 컵입니다.
- 이것은 당신의 의자입니다.
- 이것은 그의 탁자입니다.

- 저것은 당신의 컵입니까?
- 저것은 그의 의자입니까?
- 저것은 그녀의 컴퓨터입니까?

▷ Zhè shì bēizi.
▷ Zhè shì yǐzi.
▷ Zhè shì zhuōzi.

▷ Nà shì yīfu ma?
▷ Nà shì huàzhuāngpǐn ma?
▷ Nà shì diànnǎo ma?

▷ Zhè shì wǒ de bēizi.
▷ Zhè shì nǐ de yǐzi.
▷ Zhè shì tā de zhuōzi.

▷ Nà shì nǐ de bēizi ma?
▷ Nà shì tā de yǐzi ma?
▷ Nà shì tā de diànnǎo ma?

STEP 03 문장 큰 소리로 문장을 읽어 봅시다

- 이것은 옷이 아닙니다.
- 이것은 화장품이 아닙니다.
- 이것은 컴퓨터가 아닙니다.

- 저것은 옷이 아닙니까?
- 저것은 의자가 아닙니까?
- 저것은 탁자가 아닙니까?

- 이것은 내 화장품이 아닙니다.
- 이것은 당신의 옷이 아닙니다.
- 이것은 그의 컴퓨터가 아닙니다.

- 저것은 당신의 옷이 아닙니까?
- 저것은 그의 의자가 아닙니까?
- 저것은 그녀의 탁자가 아닙니까?

▷ Zhè bú shì yīfu.
▷ Zhè bú shì huàzhuāngpǐn.
▷ Zhè bú shì diànnǎo.

▷ Nà bú shì yīfu ma?
▷ Nà bú shì yǐzi ma?
▷ Nà bú shì zhuōzi ma?

▷ Zhè bú shì wǒ de huàzhuāngpǐn.
▷ Zhè bú shì nǐ de yīfu.
▷ Zhè bú shì tā de diànnǎo.

▷ Nà bú shì nǐ de yīfu ma?
▷ Nà bú shì tā de yǐzi ma?
▷ Nà bú shì tā de zhuōzi ma?

STEP 04

문장 큰 소리로 문장을 읽어 봅시다

- 이 사람은 저의 아빠입니다.
- 이 사람은 저의 엄마입니다.
- 이 사람은 저의 오빠입니다.

- 저 사람은 의사입니까?
- 저 사람은 학생입니까?
- 저 사람은 선생님입니까?

- 이 사람은 그녀의 아빠입니다.
- 이 사람은 당신의 엄마입니다.
- 이 사람은 그의 형입니다.

- 저 사람은 당신의 학생입니까?
- 저 사람은 그의 선생님입니까?
- 저 사람은 그녀의 친구입니까?

▷ Zhè shì wǒ de bàba.
▷ Zhè shì wǒ de māma.
▷ Zhè shì wǒ de gēge.

▷ Nà shì yīshēng ma?
▷ Nà shì xuésheng ma?
▷ Nà shì lǎoshī ma?

▷ Zhè shì tā de bàba.
▷ Zhè shì nǐ de māma.
▷ Zhè shì tā de gēge.

▷ Nà shì nǐ de xuésheng ma?
▷ Nà shì tā de lǎoshī ma?
▷ Nà shì tā de péngyou ma?

STEP 05

문장 큰 소리로 문장을 읽어 봅시다

- 이 사람은 저의 형이 아닙니다.
- 이 사람은 저의 할머니가 아닙니다.
- 이 사람은 저의 누나가 아닙니다.

- 저 사람은 당신의 할아버지가 아닙니까?
- 저 사람은 그의 할머니가 아닙니까?
- 저 사람은 그녀의 언니가 아닙니까?

- 이 사람은 저의 선생님이 아닙니까?
- 이 사람은 당신의 친구가 아닙니까?
- 이 사람은 그의 학생이 아닙니까?

- 저 사람은 그의 선생님입니다.
- 저 사람은 저의 친구입니다.
- 저 사람은 그의 형입니다.

▷ Zhè bú shì wǒ de gēge.
▷ Zhè bú shì wǒ de nǎinai.
▷ Zhè bú shì wǒ de jiějie.

▷ Nà bú shì nǐ de yéye ma?
▷ Nà bú shì tā de nǎinai ma?
▷ Nà bú shì tā de jiějie ma?

▷ Zhè bú shì wǒ de lǎoshī ma?
▷ Zhè bú shì nǐ de péngyou ma?
▷ Zhè bú shì tā de xuésheng ma?

▷ Nà shì tā de lǎoshī.
▷ Nà shì wǒ de péngyou.
▷ Nà shì tā de gēge.

STEP 06 발음 어려운 발음을 차근차근 연습해 봅시다

TIP 1

중국어의 'zi' 발음

'zi'는 '지'가 아니고 '즈'로 발음하는데, 혀끝을 치아 안쪽에 대고 마찰시켜 발음하는 것이 특징입니다.

- Hànzì
- yǐzi

TIP 2

중국어의 'fu' 발음

'fu' 발음은 '푸'나 '후'로 발음하는 것이 아닙니다. 아랫입술을 윗니로 가볍게 밀어내듯 발음합니다.

- fúwùyuán
- yīfu

DAY 7

이것은 내 것입니다

▼▼▼▼
학습목표

'~의 것'을 중국어로 어떻게 표현하는지 알아보고, 'zhe'와 'na'가 각기 다른 문장에서 어떠한 의미로 사용되는지 배웁니다.

STEP 01 단어 큰 소리로 단어를 읽어 봅시다

- ~의 것 de
- 여기·이곳 zhè
- 저기·저곳 nà
- 사무실 bàngōngshì
- 교실 jiàoshì
- 화장실 wèishēngjiān
- 집 jiā
- 도서관 túshūguǎn
- 주방 chúfáng
- 음식점 fànguǎn
- 침실 wòshì

- ~들 men
- 하다 zuò

STEP 02 문장 큰 소리로 문장을 읽어 봅시다

- 이것은 내 것입니다.
- 이것은 당신의 것입니다.
- 이것은 그의 것입니다.

- 저것은 당신의 것입니까?
- 저것은 그의 것입니까?
- 저것은 그녀의 것입니까?

- 이것이 제가 산 것입니다.
- 이것이 당신이 본 것입니다.
- 이것이 그가 들은 것입니다.

- 저것은 당신이 산 것입니까?
- 저것은 당신이 본 것입니까?
- 저것은 그녀가 말한 것입니까?

▷ Zhè shì wǒ de.
▷ Zhè shì nǐ de.
▷ Zhè shì tā de.

▷ Nà shì nǐ de ma?
▷ Nà shì tā de ma?
▷ Nà shì tā de ma?

▷ Zhè shì wǒ mǎi de.
▷ Zhè shì nǐ kàn de.
▷ Zhè shì tā tīng de.

▷ Nà shì nǐ mǎi de ma?
▷ Nà shì nǐ kàn de ma?
▷ Nà shì tā shuō de ma?

STEP 03 문장 큰 소리로 문장을 읽어 봅시다

- 이곳은 학교입니다.
- 이곳은 회사입니다.
- 이곳은 병원입니다.

- 저곳은 교실입니까?
- 저곳은 화장실입니까?
- 저곳은 사무실입니까?

- 이곳은 사무실이 아닙니다.
- 이곳은 교실이 아닙니다.
- 이곳은 화장실이 아닙니다.

- 저곳은 학교가 아닙니까?
- 저곳은 회사가 아닙니까?
- 저곳은 병원이 아닙니까?

▷ Zhè shì xuéxiào.
▷ Zhè shì gōngsī.
▷ Zhè shì yīyuàn.

▷ Nà shì jiàoshì ma?
▷ Nà shì wèishēngjiān ma?
▷ Nà shì bàngōngshì ma?

▷ Zhè bú shì bàngōngshì.
▷ Zhè bú shì jiàoshì.
▷ Zhè bú shì wèishēngjiān.

▷ Nà bú shì xuéxiào ma?
▷ Nà bú shì gōngsī ma?
▷ Nà bú shì yīyuàn ma?

STEP 04

문장 큰 소리로 문장을 읽어 봅시다

- 이곳은 우리 도서관입니다.
- 이곳은 당신들의 은행입니다.
- 이곳은 그들의 집입니다.

- 저곳은 당신의 음식점입니까?
- 저곳은 그들의 호텔입니까?
- 저곳은 그의 침실입니까?

- 이곳은 우리 호텔이 아닙니다.
- 이곳은 당신들의 침실이 아닙니다.
- 이곳은 그녀들의 주방이 아닙니다.

- 저곳은 우리 집이 아닙니까?
- 저곳은 당신들의 은행이 아닙니까?
- 저곳은 그들의 도서관이 아닙니까?

▷ Zhè shì wǒmen de túshūguǎn.
▷ Zhè shì nǐmen de yínháng.
▷ Zhè shì tāmen de jiā.

▷ Nà shì nǐ de fànguǎn ma?
▷ Nà shì tāmen de jiǔdiàn ma?
▷ Nà shì tā de wòshì ma?

▷ Zhè bú shì wǒmen de jiǔdiàn.
▷ Zhè bú shì nǐmen de wòshì.
▷ Zhè bú shì tāmen de chúfáng.

▷ Nà bú shì wǒmen de jiā ma?
▷ Nà bú shì nǐmen de yínháng ma?
▷ Nà bú shì tāmen de túshūguǎn ma?

STEP 05

문장 큰 소리로 문장을 읽어 봅시다

- 이것은 제 친구의 것입니까 아닙니까?
- 이것은 우리가 한 것입니까 아닙니까?
- 이것은 그들이 산 것입니까 아닙니까?

- 저것은 우리가 먹은 것입니다.
- 저것은 친구들이 마신 것입니다.
- 저것은 엄마들이 들은 것입니다.

- 저것은 당신들이 본 것이 아닙니다.
- 저것은 그가 산 것이 아닙니다.
- 저것은 여동생이 들은 것이 아닙니다.

- 이것은 그녀가 본 것이 아니니?
- 이것은 네가 들은 것이 아니니?
- 이것은 할아버지가 산 것이 아니니?

▷ Zhè shì bu shì wǒ péngyou de?
▷ Zhè shì bu shì wǒmen zuò de?
▷ Zhè shì bu shì tāmen mǎi de?

▷ Nà shì wǒmen chī de.
▷ Nà shì péngyoumen hē de.
▷ Nà shì māmamen tīng de.

▷ Nà bú shì nǐmen kàn de.
▷ Nà bú shì tā mǎi de.
▷ Nà bú shì mèimei tīng de.

▷ Zhè bú shì tā kàn de ma?
▷ Zhè bú shì nǐ tīng de ma?
▷ Zhè bú shì yéye mǎi de ma?

STEP 06

발음 어려운 발음을 차근차근 연습해 봅시다

TIP 1
중국어의 'zh' 발음

'zh' 발음은 앞에서 연습했지만 다시 한번 연습해 봅시다. 혀를 입 안으로 넣는다는 느낌으로 발음하면 됩니다.

- zhīdào
- píngguǒzhī

TIP 2
중국어의 'yuan' 발음

'yuan'은 '위안'으로 발음하지 않고 '위엔'으로 발음합니다.

- quánbù
- xuǎnzé

DAY 7 이것은 내 것입니다

DAY 8

나는 여동생이 있다

학습목표

중국어에서 아주 중요한 단어인 '~이 있다'를 활용한 다양한 표현을 배웁니다.

STEP 01 단어 큰 소리로 단어를 읽어 봅시다

- 있다 yǒu
- 없다 méiyǒu
- 한 개 yí ge
- 두 개 liǎng ge
- 세 개 sān ge
- 네 개 sì ge
- 다섯 개 wǔ ge
- 여섯 개 liù ge
- 일곱 개 qī ge
- 여덟 개 bā ge
- 아홉 개 jiǔ ge

- 열 개 shí ge
- 몇 개 jǐ ge
- 여기 zhèr
- 저기·거기 nàr

STEP 02 문장 큰 소리로 문장을 읽어 봅시다

- 나는 여동생이 있다.
- 그는 형이 있다.
- 그녀는 남동생이 있다.

- 나는 여동생이 하나 있다.
- 그는 형이 둘 있다.
- 그녀는 남동생이 셋 있다.

- 너는 여동생이 있니?
- 그는 형이 있니?
- 그녀는 언니가 있니?

- 너는 여동생이 둘 있니?
- 그는 형이 하나 있나요?
- 그녀는 오빠가 몇 명인가요?

▷ Wǒ yǒu mèimei.
▷ Tā yǒu gēge.
▷ Tā yǒu dìdi.

▷ Wǒ yǒu yí ge mèimei.
▷ Tā yǒu liǎng ge gēge.
▷ Tā yǒu sān ge dìdi.

▷ Nǐ yǒu mèimei ma?
▷ Tā yǒu gēge ma?
▷ Tā yǒu jiějie ma?

▷ Nǐ yǒu liǎng ge mèimei ma?
▷ Tā yǒu yí ge gēge ma?
▷ Tā yǒu jǐ ge gēge?

STEP 03 문장 큰 소리로 문장을 읽어 봅시다

- 나는 남동생이 없다.
- 그는 누나가 없다.
- 그녀는 여동생이 없다.

- 너는 남동생이 없니?
- 그는 누나가 없니?
- 그녀는 여동생이 없니?

- 나는 책이 있다.
- 너는 사과가 있다.
- 그는 생수가 있다.

- 너는 책이 있니?
- 그는 사과가 있니?
- 그녀는 화장품이 있니?

▷ Wǒ méiyǒu dìdi.
▷ Tā méiyǒu jiějie.
▷ Tā méiyǒu mèimei.

▷ Nǐ méiyǒu dìdi ma?
▷ Tā méiyǒu jiějie ma?
▷ Tā méiyǒu mèimei ma?

▷ Wǒ yǒu shū.
▷ Nǐ yǒu píngguǒ.
▷ Tā yǒu kuàngquánshuǐ.

▷ Nǐ yǒu shū ma?
▷ Tā yǒu píngguǒ ma?
▷ Tā yǒu huàzhuāngpǐn ma?

STEP 04 문장 큰 소리로 문장을 읽어 봅시다

- 여기 컴퓨터가 있어요.
- 저기 옷이 있어요.
- 여기 병원이 있어요.
- 저기 은행이 있어요.

- 여기 컴퓨터 있어요?
- 저기 옷이 있어요?
- 여기 병원이 있어요?
- 저기 은행이 있어요?

- 여기 컴퓨터가 없어요.
- 저기 옷이 없어요.
- 여기 병원이 없어요.
- 저기 은행이 없어요.

▷ Zhèr yǒu diànnǎo.
▷ Nàr yǒu yīfu.
▷ Zhèr yǒu yīyuàn.
▷ Nàr yǒu yínháng.

▷ Zhèr yǒu diànnǎo ma?
▷ Nàr yǒu yīfu ma?
▷ Zhèr yǒu yīyuàn ma?
▷ Nàr yǒu yínháng ma?

▷ Zhèr méiyǒu diànnǎo.
▷ Nàr méiyǒu yīfu.
▷ Zhèr méiyǒu yīyuàn.
▷ Nàr méiyǒu yínháng.

STEP 05

문장 큰 소리로 문장을 읽어 봅시다

- 몇 개가 있나요?
- 몇 개 없어요.

- 한 개가 있다.
- 두 개가 있다.
- 세 개가 있다.
- 네 개가 있다.
- 다섯 개가 있다.
- 여섯 개가 있다.
- 일곱 개가 있다.
- 여덟 개가 있다.
- 아홉 개가 있다.
- 열 개가 있다.

▷ Yǒu jǐ ge?
▷ Meíyǒu jǐ ge.

▷ Yǒu yí ge.
▷ Yǒu liǎng ge.
▷ Yǒu sān ge.
▷ Yǒu sì ge.
▷ Yǒu wǔ ge.
▷ Yǒu liù ge.
▷ Yǒu qī ge.
▷ Yǒu bā ge.
▷ Yǒu jiǔ ge.
▷ Yǒu shí ge.

STEP 06 발음 어려운 발음을 차근차근 연습해 봅시다

중국어의 's' 발음   TIP 1

'san'에서 's' 발음을 연습해 봅시다. 혀를 치아 안쪽에 대고 마찰시켜 발음해야 합니다. 이러한 발음을 설치음이라고 합니다.

- sì
- hóngsè

중국어의 'jiu' 발음   TIP 2

'jiu'에서 'iu'는 '이우'라고 하지 않고 '이(어)우'로 발음합니다. '이'와 '우' 사이에 '어' 발음이 살짝 들어갑니다.

- zúqiú
- jiǔdiàn

DAY 9

지금 몇 시입니까?

▼▼▼▼
학습목표

지난 시간에 배운 '~이 있다'의 응용 표현과 숫자를 활용한 표현을 배웁니다.

STEP 01

단어 큰 소리로 단어를 읽어 봅시다

- ~에 있다 zài
- 서울 Shǒu'ěr
- 홍콩 Xiānggǎng
- 식구 kǒu
- 사람 rén
- 그리고 hé
- 아들 érzi
- 딸 nǚ'ér
- 지금 xiànzài
- 시 diǎn
- 열 하나 shíyī
- 열 둘 shí'èr
- 반 bàn
- 만나다 jiànmiàn

STEP 02 **문장** 큰 소리로 문장을 읽어 봅시다

- 우리 집.
- 당신 집.
- 그의 집.
- 그녀의 집.

- 당신 집은 어디 있나요?
- 그의 집은 어디 있나요?
- 그녀의 집은 어디 있나요?

- 우리 집은 서울에 있어요.
- 그의 집은 베이징에 있어요.
- 그녀의 집은 홍콩에 있어요.

- 당신 집은 몇 식구가 있나요?
- 그의 집은 몇 식구가 있나요?
- 그녀의 집은 몇 식구가 있나요?

▷ Wǒ de jiā.
▷ Nǐ de jiā.
▷ Tā de jiā.
▷ Tā de jiā.

▷ Nǐ de jiā zài nǎr?
▷ Tā de jiā zài nǎr?
▷ Tā de jiā zài nǎr?

▷ Wǒ de jiā zài Shǒu'ěr.
▷ Tā de jiā zài Běijīng.
▷ Tā de jiā zài Xiānggǎng.

▷ Nǐ de jiā yǒu jǐ kǒu rén?
▷ Tā de jiā yǒu jǐ kǒu rén?
▷ Tā de jiā yǒu jǐ kǒu rén?

STEP 03 문장 큰 소리로 문장을 읽어 봅시다

- 우리 집은 네 식구가 있습니다.
- 그의 집은 다섯 식구가 있습니다.
- 그녀의 집은 여섯 식구가 있습니다.

- 우리 집에는 아빠, 엄마, 여동생 그리고 제가 있습니다.
- 그의 집에는 할머니, 아빠, 엄마, 형 그리고 그가 있습니다.
- 그녀의 집에는 할아버지, 할머니, 아빠, 엄마, 언니, 남동생 그리고 그녀가 있습니다.

- 당신은 딸이 있나요?
- 그는 아들이 있나요?
- 그녀는 딸이 없나요?

- 그녀는 딸이 둘 있습니다.
- 저는 아들 하나 딸 하나가 있습니다.
- 저는 아들이 없습니다.

▷ Wǒ jiā yǒu sì kǒu rén.
▷ Tā jiā yǒu wǔ kǒu rén.
▷ Tā jiā yǒu liù kǒu rén.

▷ Wǒ jiā yǒu bàba、māma、mèimei hé wǒ.
▷ Tā jiā yǒu nǎinai、bàba、māma、gēge hé tā.
▷ Tā jiā yǒu yéye、nǎinai、bàba、māma、jiějie、dìdi hé tā.

▷ Nǐ yǒu nǚ'ér ma?
▷ Tā yǒu érzi ma?
▷ Tā méiyǒu nǚ'ér ma?

▷ Tā yǒu liǎng ge nǚ'ér.
▷ Wǒ yǒu yí ge érzi hé yí ge nǚ'ér.
▷ Wǒ méiyǒu érzi.

STEP 04

문장 큰 소리로 문장을 읽어 봅시다

지금 몇 시입니까?	Xiànzài jǐ diǎn?
지금 한 시입니다.	Xiànzài yī diǎn.
지금 두 시입니다.	Xiànzài liǎng diǎn.
지금 세 시입니다.	Xiànzài sān diǎn.
지금 네 시입니다.	Xiànzài sì diǎn.
지금 다섯 시입니다.	Xiànzài wǔ diǎn.
지금 여섯 시입니다.	Xiànzài liù diǎn.
지금 일곱 시입니다.	Xiànzài qī diǎn.
지금 여덟 시입니다.	Xiànzài bā diǎn.
지금 아홉 시입니다.	Xiànzài jiǔ diǎn.
지금 열 시입니다.	Xiànzài shí diǎn.
지금 열한 시입니다.	Xiànzài shíyī diǎn.
지금 열두 시입니다.	Xiànzài shí'èr diǎn.

STEP 05

문장 큰 소리로 문장을 읽어 봅시다

- 우리 몇 시에 갑니까?
- 너희는 몇 시에 오니?
- 그들은 몇 시에 보나요?

- 우리는 열두 시에 갑니다.
- 그들은 한 시 반에 봅니다.
- 그녀들은 두 시 반에 봅니다.

- 우리 몇 시에 만나요?
- 그들은 몇 시에 만나요?
- 그녀들은 몇 시에 만나요?

- 우리 여섯 시 반에 만나요.
- 그들은 일곱 시 반에 만나요.
- 그녀들은 다섯 시 반에 만나요.

▷ Wǒmen jǐ diǎn qù?
▷ Nǐmen jǐ diǎn lái?
▷ Tāmen jǐ diǎn kàn?

▷ Wǒmen shí'èr diǎn qù.
▷ Tāmen yī diǎn bàn jiànmiàn.
▷ Tāmen liǎng diǎn bàn jiànmiàn.

▷ Wǒmen jǐ diǎn jiànmiàn?
▷ Tāmen jǐ diǎn jiànmiàn?
▷ Tāmen jǐ diǎn jiànmiàn?

▷ Wǒmen liù diǎn bàn jiànmiàn.
▷ Tāmen qī diǎn bàn jiànmiàn.
▷ Tāmen wǔ diǎn bàn jiànmiàn.

STEP 06

발음 어려운 발음을 차근차근 연습해 봅시다

TIP 1
중국어의 'ou' 발음

'ou', 'uo'에서 'o'는 '오'보다는 '어'와 비슷하게 발음합니다.

- hěn duō
- zǒu

TIP 2
중국어의 'ü(nv)' 발음

'ü(nv)'는 '위'로 발음합니다. 주의할 점은 'nu'에서 'u'는 '우'로 발음해야 한다는 것입니다.

- lǜchá
- lǜsè

DAY 10

주간 연습 및 시험

▼▼▼▼
학습목표

그동안 배웠던 표현을 활용하여 다양한 문장을 만들어 봅니다.

STEP 01 단어 큰 소리로 단어를 읽어 봅시다

- 핸드폰 shǒujī

- 냉장고 bīngxiāng

- 꽃 huā

- 신발 xiézi

- 사이다 qìshuǐ

- 사전 cídiǎn

- 누구 shéi

- 편의점 biànlìdiàn

- 맥주 píjiǔ

- 컴퓨터 diànnǎo

STEP 02 문장 큰 소리로 문장을 읽어 봅시다

- 이것은 포도주스가 아니다.
- 이것은 딸기주스다.
- 이것은 오렌지주스입니다.
- 이것은 사과주스입니다.

- 저것은 핸드폰이다.
- 저것은 냉장고다.
- 저것은 꽃이다.
- 저것은 신발이 아니다.

- 이것은 맥주다.
- 이것은 사이다가 아니다.
- 저것은 컴퓨터다.
- 저것은 사전이다.

▷ Zhè bú shì pútaozhī.
▷ Zhè shì cǎoméizhī.
▷ Zhè shì chéngzhī.
▷ Zhè shì píngguǒzhī.

▷ Nà shì shǒujī.
▷ Nà shì bīngxiāng.
▷ Nà shì huā.
▷ Nà bú shì xiézi.

▷ Zhè shì píjiǔ.
▷ Zhè bú shì qìshuǐ.
▷ Nà shì diànnǎo.
▷ Nà shì cídiǎn.

STEP 03

문장 큰 소리로 문장을 읽어 봅시다

- 이것은 네 것이니 아니니?
- 이것은 그의 것이니 아니니?
- 이것은 그녀의 것이니 아니니?

- 이것은 내 것이다.
- 이것은 그의 것이 아니다.
- 이것은 그녀의 것이다.

- 저것은 산 것이니 아니니?
- 저것은 본 것이니 아니니?
- 저것은 먹은 것이니 아니니?

- 저것은 산 것이 아니다.
- 저것은 본 것이 아니다.
- 저것은 먹은 것이다.

▷ Zhè shì bu shì nǐ de?
▷ Zhè shì bu shì tā de?
▷ Zhè shì bu shì tā de?

▷ Zhè shì wǒ de.
▷ Zhè bú shì tā de.
▷ Zhè shì tā de.

▷ Nà shì bu shì mǎi de?
▷ Nà shì bu shì kàn de?
▷ Nà shì bu shì chī de?

▷ Nà bú shì mǎi de.
▷ Nà bú shì kàn de.
▷ Nà shì chī de.

STEP 04 문장 큰 소리로 문장을 읽어 봅시다

- 이것은 누가 산 것이니?
- 이것은 아빠가 산 것이다.
- 이것은 엄마가 산 것이 아니다.

▷ Zhè shì shéi mǎi de?
▷ Zhè shì bàba mǎi de.
▷ Zhè bú shì māma mǎi de.

- 저것은 네가 먹은 것이니?
- 저것은 내가 먹은 것이 아니다.
- 저것은 내 동생이 먹은 것이다.

▷ Nà shì nǐ chī de ma?
▷ Nà bú shì wǒ chī de.
▷ Nà shì wǒ dìdi chī de.

- 나는 형과 누나가 있다.
- 너는 남동생이 몇 명이 있니?
- 그는 형이 없다.

▷ Wǒ yǒu yí ge gēge hé yí ge jiějie.
▷ Nǐ yǒu jǐ ge dìdi?
▷ Tā méiyǒu gēge.

- 그녀는 언니가 없니?
- 아빠는 형이 두 명 있다.
- 엄마는 언니가 세 명 있다.

▷ Tā méiyǒu jiějie ma?
▷ Bàba yǒu liǎng ge gēge.
▷ Māma yǒu sān ge jiějie.

STEP 05

문장 큰 소리로 문장을 읽어 봅시다

- 그는 몇 개를 가지고 있니?
- 그는 다섯 개를 가지고 있다.
- 너는 몇 개를 가지고 있니?

- 지금 몇 시니?
- 지금 6시다.
- 우리 몇 시에 먹어요?

- 그들은 6시에 만난다.
- 여기 편의점이 없나요?
- 저기 편의점이 있어요.

- 여기 내 것이 있나요?
- 여기 그의 것이 없어요.
- 저기 내 것이 있어요.

▷ Tā yǒu jǐ ge?
▷ Tā yǒu wǔ ge.
▷ Nǐ yǒu jǐ ge?

▷ Xiànzài jǐ diǎn?
▷ Xiànzài liù diǎn.
▷ Wǒmen jǐ diǎn chī?

▷ Tāmen liù diǎn jiànmiàn.
▷ Zhèr méiyǒu biànlìdiàn ma?
▷ Nàr yǒu biànlìdiàn.

▷ Zhèr yǒu wǒ de ma?
▷ Zhèr méiyǒu tā de.
▷ Nàr yǒu wǒ de.

STEP 06 발음 어려운 발음을 차근차근 연습해 봅시다

TIP 1
'yí ge'의 성조

'yí ge' 숫자 1을 나타내는 'yī'는 원래 1성입니다. 하지만 숫자 1은 뒤에 나오는 글자의 성조에 따라서 성조가 변합니다. 한 개라는 의미의 'yí ge'에서 'ge'는 경성으로 발음하고, 숫자 1은 2성으로 변합니다.

TIP 2
'jiějie'의 성조

'jiějie'의 3성은 음을 낮추다가 올려야 하는데 실제로 발음할 때는 낮추기만 하고 올리는 부분의 발음은 하지 않습니다.

- 3성 + 1성
  Běijīng
- 3성 + 2성
  Měiguó
- 3성 + 3성
  shuǐguǒ
- 3성 + 4성
  hǎokàn

DAY 11

나의 아버지, 내가 산 것

▼▼▼▼
학습목표

자주 사용되는 형용사와 사용 빈도가 높은 글자 'de'를 활용하여 '~의', '~의 것'과 같은 표현을 배웁니다.

STEP 01 단어 큰 소리로 단어를 읽어 봅시다

- 좋다 hǎo
- 매우·무척 hěn
- 이(것) zhège
- 그(것)·저(것) nàge
- 어느(것) nǎge
- 크다 dà
- 작다 xiǎo
- 많다 duō
- 적다 shǎo
- 어때요? zěnmeyàng
- 별로입니다 bùzěnmeyàng

STEP 02 문장 큰 소리로 문장을 읽어 봅시다

- 이거 좋아요?
- 이거 좋아요.
- 이거 좋지 않아요.

▷ Zhège hǎo ma?
▷ Zhège hěn hǎo.
▷ Zhège bù hǎo.

- 저거 좋아요?
- 저거 좋아요.
- 저거 좋지 않아요.

▷ Nàge hǎo ma?
▷ Nàge hěn hǎo.
▷ Nàge bù hǎo.

- 이거 커요?
- 이거 커요.
- 이거 크지 않아요.

▷ Zhège dà ma?
▷ Zhège hěn dà.
▷ Zhège bú dà.

- 저거 작아요?
- 저거 작아요.
- 저거 작지 않아요.

▷ Nàge xiǎo ma?
▷ Nàge hěn xiǎo.
▷ Nàge bù xiǎo.

STEP 03

문장 큰 소리로 문장을 읽어 봅시다

- 이거 많아요?
- 이거 많아요.
- 이거 많지 않아요.

- 저거 적어요?
- 저거 적어요.
- 저거 적지 않아요.

- 이거 어때요?
- 저거 어때요?
- 이거 별로입니다.

- 어느 것이 큽니까?
- 이것이 큽니다.
- 저것이 작아요.

▷ Zhège duō ma?
▷ Zhège hěn duō.
▷ Zhège bù duō.

▷ Nàge shǎo ma?
▷ Nàge hěn shǎo.
▷ Nàge bù shǎo.

▷ Zhège zěnmeyàng?
▷ Nàge zěnmeyàng?
▷ Zhège bùzěnmeyàng.

▷ Nǎge dà?
▷ Zhège dà.
▷ Nàge xiǎo.

STEP 04 문장 큰 소리로 문장을 읽어 봅시다

- 큰 게 좋아요?
- 큰 게 좋지 않아요.
- 큰 게 좋아요.

- 작은 게 좋아요?
- 작은 게 좋지 않아요.
- 작은 게 좋아요.

- 많은 게 좋아요?
- 많은 게 좋지 않아요.
- 많은 게 좋아요.

- 적은 게 좋아요?
- 적은 게 좋지 않아요.
- 적은 게 좋아요.

▷ Dà de hǎo ma?
▷ Dà de bù hǎo.
▷ Dà de hěn hǎo.

▷ Xiǎo de hǎo ma?
▷ Xiǎo de bù hǎo.
▷ Xiǎo de hěn hǎo.

▷ Duō de hǎo ma?
▷ Duō de bù hǎo.
▷ Duō de hěn hǎo.

▷ Shǎo de hǎo ma?
▷ Shǎo de bù hǎo.
▷ Shǎo de hěn hǎo.

STEP 05 문장 큰 소리로 문장을 읽어 봅시다

- 큰 것은 누구 것입니까?
- 큰 것은 내 것입니다.
- 큰 것은 내 것이 아닙니다.

- 작은 것은 누구 것입니까?
- 작은 것이 그의 것입니다.
- 작은 것은 그의 것이 아닙니다.

- 많은 것은 누구 것입니까?
- 많은 것이 그녀의 것입니다.
- 많은 것은 그녀의 것이 아닙니다.

- 적은 것은 누구 것입니까?
- 적은 것이 당신의 것입니다.
- 적은 것은 당신의 것이 아닙니다.

▷ Dà de shì shéi de?
▷ Dà de shì wǒ de.
▷ Dà de bú shì wǒ de.

▷ Xiǎo de shì shéi de?
▷ Xiǎo de shì tā de.
▷ Xiǎo de bú shì tā de.

▷ Duō de shì shéi de?
▷ Duō de shì tā de.
▷ Duō de bú shì tā de.

▷ Shǎo de shì shéi de?
▷ Shǎo de shì nǐ de.
▷ Shǎo de bú shì nǐ de.

STEP 06 발음 어려운 발음을 차근차근 연습해 봅시다

TIP 1 중국어의 'wo' 발음

중국어 'wo' 발음에서 'w'는 실제로 'u' 발음으로, '워'라고 들리지만, 반드시 2음절로 '우어'라고 발음해야 합니다. 단, '우' 발음은 짧고 약하게 발음해야 합니다.

TIP 2 중국어의 'ei' 발음

중국어 'ei' 발음의 'e'는 '에'처럼 발음합니다. 단독으로 쓰일 때 '으어'라고 발음하지만, 복모음 'ei', 'ie'의 경우에는 '에'라고 발음합니다.

- shéi
- děi

DAY 12

매우 좋다

▼▼▼▼
학습목표

형용사의 정도를 나타내는 정도부사 'hěn', 'tài'를 배웁니다.

STEP 01 단어 큰 소리로 단어를 읽어 봅시다

- 어제 zuótiān
- 오늘 jīntiān
- 내일 míngtiān
- 날씨 tiānqì
- 덥다 rè
- 춥다 lěng
- 기쁘다 gāoxìng
- 예쁘다 piàoliang
- 만났다 jiàndào
- 알다 rènshi

- 매우·무척 tài
- 보기 좋다 hǎokàn

STEP 02 문장 큰 소리로 문장을 읽어 봅시다

- 오늘 날씨 어때요?
- 오늘 날씨가 좋아요?
- 오늘 날씨가 좋아요.
- 오늘 날씨가 좋지 않아요.

- 내일 날씨 어때요?
- 내일 날씨가 좋아요?
- 내일 날씨가 좋아요.
- 내일 날씨가 좋지 않아요.

- 어제 날씨 어땠어요?
- 어제 날씨가 좋았나요?
- 어제 날씨가 좋았어요.
- 어제 날씨가 좋지 않았어요.

▷ Jīntiān tiānqì zěnmeyàng?
▷ Jīntiān tiānqì hǎo ma?
▷ Jīntiān tiānqì hěn hǎo.
▷ Jīntiān tiānqì bù hǎo.

▷ Míngtiān tiānqì zěnmeyàng?
▷ Míngtiān tiānqì hǎo ma?
▷ Míngtiān tiānqì hěn hǎo.
▷ Míngtiān tiānqì bù hǎo.

▷ Zuótiān tiānqì zěnmeyàng?
▷ Zuótiān tiānqì hǎo ma?
▷ Zuótiān tiānqì hěn hǎo.
▷ Zuótiān tiānqì bù hǎo.

STEP 03

문장 큰 소리로 문장을 읽어 봅시다

- 어제는 더웠다.
- 오늘은 덥다.
- 내일은 어때요?

▷ Zuótiān hěn rè.
▷ Jīntiān hěn rè.
▷ Míngtiān zěnmeyàng?

- 어제는 더웠니?
- 오늘은 덥니?
- 내일은 덥니?

▷ Zuótiān rè ma?
▷ Jīntiān rè ma?
▷ Míngtiān rè ma?

- 어제는 추웠다.
- 오늘은 춥다.
- 오늘은 춥니?

▷ Zuótiān hěn lěng.
▷ Jīntiān hěn lěng.
▷ Jīntiān lěng ma?

- 어제는 춥지 않았다.
- 오늘은 춥지 않다.
- 오늘은 추운가요?

▷ Zuótiān bù lěng.
▷ Jīntiān bù lěng.
▷ Míngtiān lěng ma?

STEP 04

문장 큰 소리로 문장을 읽어 봅시다

- 당신은 기쁩니까?
- 이것은 예쁩니까?
- 그녀는 예쁩니까?

- 나는 기쁘다.
- 이것은 예쁘다.
- 그녀는 예쁘다.

- 나는 그다지 기쁘지 않다.
- 이것은 그다지 예쁘지 않다.
- 그는 그다지 기쁘지 않다.

- 그녀는 그다지 예쁘지 않다.
- 나는 당신을 만나게 되어 기쁩니다.
- 나는 당신을 알게 되어 기쁩니다.

▷ Nǐ gāoxìng ma?
▷ Zhège piàoliang ma?
▷ Tā piàoliang ma?

▷ Wǒ hěn gāoxìng.
▷ Zhège hěn piàoliang.
▷ Tā hěn piàoliang.

▷ Wǒ bú tài gāoxìng.
▷ Zhège bú tài piàoliang.
▷ Tā bú tài gāoxìng.

▷ Tā bú tài piàoliang.
▷ Wǒ jiàndào nǐ hěn gāoxìng.
▷ Wǒ rènshi nǐ hěn gāoxìng.

STEP 05

문장 큰 소리로 문장을 읽어 봅시다

- 당신 것은 예쁩니까?
- 제 것은 매우 예쁩니다.
- 제 것은 그다지 예쁘지 않습니다.

- 산 것이 좋아요?
- 산 것이 좋습니다.
- 산 것은 그다지 좋지 않습니다.

- 그가 산 것이 좋습니까?
- 그가 산 것이 좋습니다.
- 그가 산 것은 그다지 좋지 않습니다.

- 당신이 본 것은 예뻐요?
- 제가 본 것은 매우 예쁩니다.
- 제가 본 것은 예쁘지 않습니다.

▷ Nǐ de hǎokàn ma?
▷ Wǒ de hěn hǎokàn.
▷ Wǒ de bú tài hǎokàn.

▷ Mǎi de hǎo ma?
▷ Mǎi de hěn hǎo.
▷ Mǎi de bú tài hǎo.

▷ Tā Mǎi de hǎo ma?
▷ Tā Mǎi de hěn hǎo.
▷ Tā Mǎi de bú tài hǎo.

▷ Nǐ kàn de hǎokàn ma?
▷ Wǒ kàn de hěn hǎokàn.
▷ Wǒ kàn de bù hǎokàn.

STEP 06

발음 어려운 발음을 차근차근 연습해 봅시다

TIP 1
부정 표현 'bù'의 발음

중국어의 부정 표현인 'bù'는 때때로 'bù'로 발음하기도 합니다. 이 글자는 뒤에 나오는 글자의 성조에 따라 성조가 변하기 때문입니다. 부정부사 'bù' 뒤에 오는 글자가 1성, 2성, 3성인 경우에는 원래의 4성으로 발음합니다. 하지만 뒤에 오는 글자가 4성인 경우, 'bù'는 'bù'로 발음합니다. 연습해 봅시다.

- Bù + 1성

  bù chī 먹지 않는다.

- Bù + 2성

  bù lái 오지 않는다.

- bù + 3성

  bù mǎi 사지 않는다.

- Bù + 4성

  bú kàn 보지 않는다.

DAY 13

오늘은 몇 월 며칠입니까?

학습목표

년, 월, 일, 요일 등 시간을 나타내는 다양한 표현을 배웁니다.

STEP 01 단어 큰 소리로 단어를 읽어 봅시다

- 지난 shàng
- 이번 zhè
- 다음 xià
- 주 xīngqī
- 월 yuè
- 일 hào
- 년 nián
- 언제 shénme shíhou
- 하다 gàn
- ~도 yě
- 일하다 gōngzuò

STEP 02 문장 큰 소리로 문장을 읽어 봅시다

- 어제는 며칠입니까?
- 어제는 10일입니다.
- 오늘은 며칠입니까?
- 오늘은 11일입니다.

- 지난 달은 몇 월입니까?
- 지난 달은 5월입니다.
- 이번 달은 6월입니다.
- 다음 달은 7월입니다.

- 어제는 몇 월 며칠입니까?
- 어제는 10월 1일입니다.
- 내일은 몇 월 며칠입니까?
- 내일은 10월 3일입니다.

▷ Zuótiān jǐ hào?
▷ Zuótiān shí hào.
▷ Jīntiān jǐ hào?
▷ Jīntiān shíyī hào.

▷ Shàng yuè jǐ yuè?
▷ Shàng yuè wǔ yuè.
▷ Zhè yuè liù yuè.
▷ Xià yuè qī yuè.

▷ Zuótiān jǐ yuè jǐ hào?
▷ Zuótiān shí yuè yī hào.
▷ Míngtiān jǐ yuè jǐ hào?
▷ Míngtiān shí yuè sān hào.

STEP 03 문장 큰 소리로 문장을 읽어 봅시다

- 오늘은 무슨 요일입니까?
- 오늘은 금요일입니다.
- 어제는 무슨 요일입니까?
- 어제는 목요일입니다.
- 내일은 일요일입니까?
- 내일은 일요일이 아닙니다.

- 이번 주.
- 지난 주.
- 다음 주.

- 지난 주에 가지 않았습니다.
- 이번 주에 갑니까?
- 다음 주에 갑니다.

▷ Jīntiān xīngqījǐ?
▷ Jīntiān xīngqīwǔ.
▷ Zuótiān xīngqījǐ?
▷ Zuótiān xīngqīsì.
▷ Míngtiān xīngqītiān ma?
▷ Míngtiān bú shì xīngqītiān.

▷ Zhè xīngqī
▷ Shàng xīngqī
▷ Xià xīngqī

▷ Shàng xīngqī méi qù.
▷ Zhè xīngqī qù ma?
▷ Xià xīngqī qù.

STEP 04
문장 큰 소리로 문장을 읽어 봅시다

- 올해는 몇 년입니까?
- 올해는 2017년입니다.
- 올해는 10몇 년입니까?
- 올해는 18년입니다.
- 작년은 2016년입니다.
- 내년은 2018년입니다.

- 언제 베이징에 가나요?
- 이번 달에 베이징에 가나요?
- 지난 달에 베이징에 가지 않았습니다.
- 이번 달에 베이징에 가지 않아요.

- 다음 달에 가나요?
- 다음 달에 베이징에 갑니다.

▷ Jīnnián nǎ nián?
▷ Jīnnián èr líng yī qī nián.
▷ Jīnnián shíjǐ nián?
▷ Jīnnián yī bā nián.
▷ Qùnián èr líng yī liù nián.
▷ Míngnián èr líng yī bā nián.

▷ Shénme shíhou qù Běijīng?
▷ Zhè yuè qù Běijīng ma?
▷ Shàng yuè méi qù Běijīng.
▷ Zhè yuè bú qù Běijīng.

▷ Xià yuè qù ma?
▷ Xià yuè qù Běijīng.

STEP 05 문장 큰 소리로 문장을 읽어 봅시다

- 그가 이번 주에 중국에 갑니다.
- 그녀가 다음 주에 한국에 갑니다.
- 당신은 이번 달에 서울에 갑니까?
- 저는 다음 달에 서울에 갑니다.

- 이번 주는 춥다.
- 다음 주에 춥나요?
- 이번 주에 덥다.
- 다음 주에도 더운가요?

- 이번 주 일요일에 무엇을 하나요?
- 다음 주 토요일에 무엇을 하나요?
- 이번 주 일요일에 일합니다.
- 다음 주 월요일에 일하지 않습니다.

▷ Tā xià xīngqī qù Zhōngguó.
▷ Tā xià xīngqī qù Hánguó.
▷ Nǐ zhè yuè qù Shǒu`ěr ma?
▷ Wǒ xià yuè qù Shǒu`ěr.

▷ Zhè xīngqī hěn lěng.
▷ Xià xīngqī lěng ma?
▷ Zhè xīngqī hěn rè.
▷ Xià xīngqī yě rè ma?

▷ Zhè xīngqītiān gàn shénme?
▷ Xià xīngqīliù gàn shénme?
▷ Zhè xīngqītiān gōngzuò.
▷ Xià xīngqīyī bù gōngzuò.

STEP 06

발음 어려운 발음을 차근차근 연습해 봅시다

'Běijīng'의 발음
TIP 1

'Běijīng'과 같이 '3성+1성'을 발음할 때 3성의 발음 표시를 보면, 음을 내렸다가 살짝 올리게 되어 있습니다. 하지만 3성은 그렇게 발음하지 않습니다. 음을 내리기만 하고 올리는 부분에는 그 다음 글자의 발음으로 부드럽게 이어집니다.

'gōngzuò'의 발음
TIP 2

'gōngzuò'와 같은 2음절 단어 발음할 때, 뒷 글자를 가볍게 발음하기도 합니다. 뒷글자의 성조를 너무 올바르게 하려고 하면 오히려 딱딱하게 느껴집니다. 발음부호는 그 발음에 가깝다는 것이지 완벽하게 그 발음을 표현해야 한다는 것은 아닙니다. 소리 학습의 중요성을 강조했던 이유가 바로 여기에 있습니다.

DAY 14

밥을 먹지 않았어요

▼▼▼▼
학습목표

시제와 문장의 여러가지 어감을 나타내는 다양한 어기조사를 배웁니다.

STEP 01 단어 큰 소리로 단어를 읽어 봅시다

- ~했다 le
- ~한 적 있다 guo
- 않았다 méi
- 한 번 yícì
- ~는 ne
- 배우다 xué
- 하자 ba
- 중국차 zhōngguóchá
- 중국노래 zhōngguógē
- 중국영화 zhōngguódiànyǐng
- 비싸다 guì

- 입다 chuān
- 팔다 mài
- 편지를 쓰다 xiěxìn
- 앉다 zuò

STEP 02 문장 큰 소리로 문장을 읽어 봅시다

- 나는 먹었다.
- 너는 먹었니?
- 그는 먹지 않았다.
- 그는 먹지 않는다.

- 그는 마셨다.
- 그는 마셨니?
- 그녀는 마시지 않았다.
- 그녀는 마시지 않는다.

- 나는 밥을 먹었다.
- 너는 밥을 먹었니?
- 나는 밥을 먹지 않았다.
- 나는 밥을 먹지 않는다.

▷ Wǒ chī le.
▷ Nǐ chīle ma?
▷ Tā méi chī.
▷ Tā bù chī.

▷ Tā hē le.
▷ Tā hēle ma?
▷ Tā méi hē.
▷ Tā bù hē.

▷ Wǒ chī fàn le.
▷ Nǐ chī fànle ma?
▷ Wǒ méi chī fàn.
▷ Wǒ bù chī fàn.

STEP 03 문장 큰 소리로 문장을 읽어 봅시다

- 너는 보았니?
- 나는 보았다.
- 너는 본 적이 있니?
- 나는 본 적이 있다.

- 너는 중국영화를 보았니?
- 나는 중국영화를 보지 않았다.
- 너는 중국영화를 본 적이 있니?
- 나는 중국영화를 본 적이 없다.

- 그는 중국요리를 먹어 본 적이 있니?
- 그는 중국요리를 먹어 본 적이 없습니다.
- 그녀는 중국에 와 본 적이 있습니까?
- 그녀는 중국에 한 번 와 본 적이 있습니다.

▷ Nǐ kàn le ma?
▷ Wǒ kàn le.
▷ Nǐ kànguo ma?
▷ Wǒ kànguo.

▷ Nǐ kànle zhōngguódiànyǐng ma?
▷ Wǒ méi kàn zhōngguódiànyǐng.
▷ Nǐ kànguo zhōngguódiànyǐng ma?
▷ Wǒ méi kànguo zhōngguódiànyǐng.

▷ Tā chīguo zhōngguócài ma?
▷ Tā méi chīguo zhōngguócài.
▷ Tā láiguo Zhōngguó ma?
▷ Tā láiguo yícì Zhōngguó.

STEP 04 문장 큰 소리로 문장을 읽어 봅시다

- 너의 형은 중국어를 배웠니?
- 우리 형은 중국어를 배우지 않았어요.
- 우리 형은 중국어를 배웠어요.
- 우리 언니는 중국어를 배운 적 있어요.

- 나는 샀다. 너는?
- 그는 사지 않았다. 그녀는?
- 그는 간 적이 있다. 너는?
- 나는 중국차를 마신 적이 있다. 너는?
- 그녀는 중국노래를 들은 적이 있다. 너는?

- 이것이 좋다. 그것은?
- 이것은 예쁘다. 네 것은?
- 내 것은 비싸다. 그의 것은?
- 그것은 산 것이다. 이것은?

▷ Nǐ gēge xuéle Hànyǔ ma?
▷ Wǒ gēge méi xué Hànyǔ.
▷ Wǒ gēge xuéle Hànyǔ.
▷ Wǒ jiějie xuéguo Hànyǔ.

▷ Wǒ mǎi le. Nǐ ne?
▷ Tā méi mǎi. Tā ne?
▷ Tā qùguo. Nǐ ne?
▷ Wǒ hēguo zhōngguóchá. Nǐ ne?
▷ Tā tīngguo zhōngguógē. Nǐ ne?

▷ Zhège hěn hǎo. Nàge ne?
▷ Zhège hěn hǎokàn. Nǐ de ne?
▷ Nǐ de hěn guì. Tā de ne?
▷ Nàge shì mǎi de. Zhège ne?

STEP 05

문장 큰 소리로 문장을 읽어 봅시다

- 우리 보자.
- 우리 가자.
- 우리 먹자.
- 우리 마시자.

- 우리 입을 것을 사자.
- 우리 마실 것을 팔자.
- 우리 중국어로 말하자.
- 우리 수업을 듣자.

- 너희들은 편지를 써라.
- 너희들 여기에 앉아라.
- 너희들은 영화를 보아라.
- 너희들은 중국으로 가라.

▷ Wǒmen kàn ba.
▷ Wǒmen qù ba.
▷ Wǒmen chī ba.
▷ Wǒmen hē ba.

▷ Wǒmen mǎi chuān de ba.
▷ Wǒmen mài hē de ba.
▷ Wǒmen shuō Hànyǔ ba.
▷ Wǒmen tīng kè ba.

▷ Nǐmen xiěxìn ba.
▷ Nǐmen zuò zhèr ba.
▷ Nǐmen kàn diànyǐng ba.
▷ Nǐmen qù Zhōngguó ba.

STEP 06

발음 어려운 발음을 차근차근 연습해 봅시다

TIP 1
중국어의 'ying'의 발음

'diànyǐng'에서 'ying'은 '잉'이라 발음하지 말고 '이응'으로 발음해야 합니다. 이 발음은 발음하는 사람에 따라서 '응' 발음이 조금 강한 사람도 있고 거의 내지 않는 사람도 있지만, 발음을 해주는 편이 훨씬 더 자연스러운 느낌을 줍니다.

- yīngyǔ

TIP 2
중국어의 'c'의 발음

'cai'를 아직도 '카이'라고 읽는 분은 없겠지요? 여기서 'c'는 우리말의 'ㅊ'과 비슷하기 때문에 'cai'는 '차이'라고 발음해야 합니다. 다시 한번 큰 소리로 연습해 봅시다.

- cáocáo
- cāicāi

DAY 15

주간 연습 및 시험

▼▼▼▼
학습목표
───────────────
그동안 배웠던 표현을 활용하여 다양한 문장을 만들어 봅니다.

단어 큰 소리로 단어를 읽어 봅시다

- 더 gèng

- 맛있다 hǎochī

- 듣기 좋다 hǎotīng

- 어때요? hǎo ma?

- 모레 hòutiān

- 아직~안 했다 hái méi

STEP 02 문장 큰 소리로 문장을 읽어 봅시다

- 이거 좋아요? ▷ Zhège hǎo ma?
- 이거 좋아요. ▷ Zhège hěn hǎo.
- 저거 좋아요? ▷ Nàge hǎo ma?
- 저거 좋지 않아요. ▷ Nàge bù hǎo.

- 누구 게 좋아요? ▷ Shéi de hǎo?
- 그녀의 것이 좋아요. ▷ Tā de hěn hǎo.
- 그의 것이 좋아요? ▷ Tā de hǎo ma?
- 그의 것이 좋지 않아요. ▷ Tā de bù hǎo.

- 비싼 것이 좋아요. ▷ Guì de hěn hǎo.
- 싼 것이 좋아요. ▷ Piányi de hěn hǎo.
- 비싼 것이 좋지 않아요? ▷ Guì de bù hǎo ma?
- 싼 것이 제 것이에요. ▷ Piányi de shì wǒ de.

STEP 03 문장 큰 소리로 문장을 읽어 봅시다

- 오늘은 더워요?
- 오늘은 그다지 덥지 않아요.
- 오늘은 추워요?
- 오늘은 그다지 춥지 않아요.

- 내 것은 예쁘다.
- 네 것은 예쁘니?
- 그의 것이 더 예뻐요.
- 그녀의 것이 더 예뻐요.

- 누가 산 것이 좋아요?
- 누가 먹은 것이 맛있어요?
- 누가 본 것이 예뻐요?
- 누가 들은 것이 듣기 좋아요?

▷ Jīntiān rè ma?
▷ Jīntiān bú tài rè.
▷ Jīntiān lěng ma?
▷ Jīntiān bú tài lěng.

▷ Wǒ de hǎokàn.
▷ Nǐ de hǎokàn ma?
▷ Tā de gèng hǎokàn.
▷ Tā de gèng hǎokàn.

▷ Shéi mǎi de hǎo?
▷ Shéi chī de hǎochī?
▷ Shéi kàn de hǎokàn?
▷ Shéi tīng de hǎotīng?

STEP 04 문장 큰 소리로 문장을 읽어 봅시다

- 오늘은 토요일입니다.
- 토요일에 먹어요?
- 일요일에 만나요.
- 금요일은 어때요?

- 다음 주에 가나요?
- 다음 주에 가지 않아요.
- 이번 주에 가요.
- 이번 주에 가지 않아요.

- 내일 일해요?
- 모레는 일하지 않아요.
- 내일 몇 시에 만나요?
- 모레 12시에 만나요.

▷ Jīntiān xīngqīliù.
▷ Xīngqīliù chī ma?
▷ Xīngqītiān jiàn.
▷ Xīngqīwǔ zěnmeyàng?

▷ Xià xīngqī qù ma?
▷ Xià xīngqī bú qù.
▷ Zhè xīngqī qù.
▷ Zhè xīngqī bú qù.

▷ Míngtiān gōngzuò ma?
▷ Hòutiān bù gōngzuò.
▷ Míngtiān jǐdiǎn jiànmiàn?
▷ Hòutiān shí'èr diǎn jiàn.

STEP 05

문장 큰 소리로 문장을 읽어 봅시다

- 가다.
- 간 적이 있다.
- 중국에 간 적이 있니?
- 중국에 가본 적이 없다.
- 중국에 한번 가 본 적이 있다.

- 너는 말했니?
- 나는 말했다.
- 나는 말하지 않았다.
- 나는 말하지 않는다.

- 아직 가지 않았다.
- 아직 오지 않았다.
- 아직 먹지 않았다.
- 아직 말하지 않았다.

▷ Qù.
▷ Qùguo.
▷ Qùguo Zhōngguó ma?
▷ Méi qùguo Zhōngguó.
▷ Qùguo Zhōngguó.

▷ Nǐ shuōle ma?
▷ Wǒ shuōle.
▷ Wǒ méi shuō.
▷ Wǒ bù shuō.

▷ Hái méi qù.
▷ Hái méi lái.
▷ Hái méi chī.
▷ Hái méi shuō.

STEP 06

발음 어려운 발음을 차근차근 연습해 봅시다

TIP 1
'piányi'의 발음

중국어는 우리말과 다르게 연음이 없습니다. 예를 들어 우리말로 '천안'이라는 단어를 발음한다면, '처난'이라고 발음하겠지요. 하지만 중국어라면 반드시 '천안'이라고 분명하게 발음해야 합니다. '피엔이'라는 발음도 우리말 습관 때문에 자칫 '피에니'라고 발음하기 쉽습니다. 이것은 올바른 발음이 아닙니다. 다시 한번 연습해 봅시다.

TIP 2
'rè'의 발음

'rè'를 '러'라고 발음하면 안 됩니다. 이것은 권설음으로 혀를 입천장에 닿을 듯 말 듯하게 구부리고 발음해야 합니다. 혀가 입천장에 닿았다가 떨어지면서 내는 'le'와는 확연하게 구분되는 발음입니다.

DAY 16

중국요리를 먹고 싶어요

▼▼▼▼
학습목표
___

조동사 'xiǎng', 'yào'를 활용한 다양한 표현을 배웁니다.

STEP 01 단어 큰 소리로 단어를 읽어 봅시다

- ~하고 싶다 xiǎng

- 쉬다 xiūxi

- ~하려 하다 yào

- 쇼핑하다 guàngjiē

- 자다 shuìjiào

- 일하다 gōngzuò

- 일어나다 qǐchuáng

- 출근하다 shàngbān

- 수업하다 shàngkè

STEP 02 문장 큰 소리로 문장을 읽어 봅시다

- 나는 먹고 싶다.
- 너는 먹고 싶니?
- 나는 먹고 싶지 않다.

- 너는 무엇을 먹고 싶니?
- 나는 쌀국수를 먹고 싶지 않다.
- 나는 밥을 먹고 싶다.

- 나는 배우고 싶다.
- 너는 배우고 싶니?
- 나는 배우고 싶지 않다.

- 너는 무엇을 배우고 싶니?
- 나는 영어를 배우고 싶지 않다.
- 나는 일본어를 배우고 싶다.

▷ Wǒ xiǎng chī.
▷ Nǐ xiǎng chī ma?
▷ Wǒ bù xiǎng chī.

▷ Nǐ xiǎng chī shénme?
▷ Wǒ bù xiǎng chī mǐxiàn.
▷ Wǒ xiǎng chī fàn.

▷ Wǒ xiǎng xué.
▷ Nǐ xiǎng xué ma?
▷ Wǒ bù xiǎng xué.

▷ Nǐ xiǎng xué shénme?
▷ Wǒ bù xiǎng xué Yīngyǔ.
▷ Wǒ xiǎng xué Rìyǔ.

STEP 03 문장 큰 소리로 문장을 읽어 봅시다

- 그는 무엇을 보고 싶어 하니?
- 그는 책이 보고 싶지 않다.
- 그녀는 TV가 보고 싶다.

▷ Tā xiǎng kàn shénme?
▷ Tā bù xiǎng kàn shū.
▷ Tā xiǎng kàn diànshì.

- 너 무엇을 하고 싶니?
- 나는 쉬고 싶어요.
- 그는 쉬고 싶지 않아요.

▷ Nǐ xiǎng gàn shénme?
▷ Wǒ xiǎng xiūxi.
▷ Tā bù xiǎng xiūxi.

- 그는 어디를 가려고 하니?
- 그는 학교를 가려고 한다.
- 그는 회사에 가려고 한다.

▷ Tā yào qù nǎr?
▷ Tā yào qù xuéxiào.
▷ Tā yào qù gōngsī.

- 언니는 무엇을 사려고 하니?
- 언니는 신문을 보려고 합니다.
- 언니는 음악을 들으려고 합니다.

▷ Jiějie yào mǎi shénme?
▷ Jiějie yào kàn bào.
▷ Jiějie yào tīng yīnyuè.

STEP 04 문장 큰 소리로 문장을 읽어 봅시다

- 나는 쇼핑하고 싶지 않다.
- 내일 쇼핑하고 싶지 않니?
- 오늘 나는 쇼핑하고 싶지 않다.

- 나는 자고 싶다.
- 너는 중국어를 배우고 싶지 않니?
- 그는 오늘 일하고 싶지 않다.

- 너는 내일 일하고 싶지 않니?
- 너는 무슨 일을 하고 싶니?
- 나는 고전음악을 듣고 싶어요.

- 그는 수업을 듣고 싶지 않다.
- 그녀는 말하고 싶지 않다.
- 나는 일어나고 싶지 않아.

▷ Wǒ bù xiǎng qù guàngjiē.
▷ Míngtiān bù xiǎng qù guàngjiē ma?
▷ Jīntiān Wǒ bù xiǎng qù guàngjiē.

▷ Wǒ xiǎng shuìjiào.
▷ Nǐ bù xiǎng xué Hànyǔ ma?
▷ Tā jīntiān bù xiǎng gōngzuò.

▷ Nǐ míngtiān bù xiǎng gōngzuò ma?
▷ Nǐ xiǎng gàn shénme?
▷ Wǒ xiǎng tīng gǔdiǎnyīnyuè.

▷ Tā bù xiǎng tīng kè.
▷ Tā bù xiǎng shuō.
▷ Wǒ bù xiǎng qǐchuáng.

STEP 05 문장 큰 소리로 문장을 읽어 봅시다

- 너는 무엇을 하려고 하니?
- 나는 자려고 해.
- 몇 시에 일어나야 하나요?
- 7시에 일어나야 합니다.

- 내일 출근해야 합니까?
- 내일 출근해야 합니다.

- 오늘 무엇을 하려 하나요?
- 오늘 수업을 들어야 합니다.

- 그는 무엇을 팔려고 합니까?
- 그녀는 책을 팔려고 합니다.

- 내일 무엇을 하려고 합니까?
- 내일 영화를 볼 겁니다.

▷ Nǐ yào gàn shénme?
▷ Wǒ yào shuìjiào.
▷ Yào jǐdiǎn qǐchuáng?
▷ Yào qī diǎn qǐchuáng.

▷ Míngtiān yào shàngbān ma?
▷ Míngtiān yào shàngbān.

▷ Jīntiān yào gàn shénme?
▷ Míngtiān yào tīng kè.

▷ Tā yào mài shénme?
▷ Tā yào mài shū.

▷ Míngtiān yào gàn shénme?
▷ Míngtiān yào kàn diànyǐng.

STEP 06 발음 어려운 발음을 차근차근 연습해 봅시다

TIP 1
'gǔdiǎn'의 발음

'gǔdiǎn'처럼 두 글자의 성조가 모두 3성인 경우에 앞 글자 'gǔ'는 2성, 즉 'gú'로 발음합니다.

- gǔdiǎn → gúdiǎn
- Hěn hǎo → hén hǎo

TIP 2
'qǐchuáng'의 발음

'qǐchuáng'에서 'qǐ'는 내려가는 음만 발음하고, 올라가는 음은 발음하지 않습니다.

- Wǒ néng
- hěn nán

DAY 17

중국어를 할 수 있어요

▼▼▼▼
학습목표
───────────────────────
조동사 'huì', 'néng'을 이용한 다양한 표현을 배웁니다.

STEP 01 단어 큰 소리로 단어를 읽어 봅시다

- ~할 줄 안다 huì

- 운전하다 kāichē

- 한자 Hànzì

- 수영하다 yóuyǒng

- 자전거를 타다 qí zìxíngchē

- 오토바이 mótuōchē

- ~할 수 있다 néng

- 주다 gěi

- 왜 wèishénme

- 술을 마시다 hējiǔ

STEP 02

문장 큰 소리로 문장을 읽어 봅시다

- 나는 중국어를 하다.
- 너는 중국어를 하니?
- 당신은 중국어를 할 줄 아나요?

- 나는 중국어를 할 줄 압니다.
- 그는 중국어를 할 줄 모릅니다.
- 그녀는 중국어를 할 줄 모르나요?

- 당신은 운전을 할 줄 압니까?
- 나는 운전을 할 줄 압니다.
- 그는 운전을 할 줄 모릅니다.

- 그녀는 운전을 할 줄 모릅니까?
- 그녀는 운전을 할 줄 압니다.
- 나는 운전을 할 줄 모릅니다.

▷ Wǒ shuō Hànyǔ.
▷ Nǐ shuō Hànyǔ ma?
▷ Nǐ huì shuō Hànyǔ ma?

▷ Wǒ huì shuō Hànyǔ.
▷ Tā bú huì shuō Hànyǔ.
▷ Tā bú huì shuō Hànyǔ ma?

▷ Nǐ huì kāichē ma?
▷ Wǒ huì kāichē.
▷ Tā bú huì kāichē.

▷ Tā bú huì kāichē ma?
▷ Tā huì kāichē.
▷ Wǒ bú huì kāichē.

STEP 03

문장 큰 소리로 문장을 읽어 봅시다

- 그녀는 한자를 쓸 줄 모릅니까?
- 그는 한자를 쓸 줄 모릅니다.
- 나는 한자를 쓸 줄 압니다.

▷ Tā bú huì xiě Hànzì ma?
▷ Tā bú huì xiě Hànzì.
▷ Wǒ huì xiě Hànzì.

- 당신은 한국어를 할 수 있나요?
- 그는 한국어를 할 수 없습니다.
- 그녀는 한국어를 할 줄 모릅니다.

▷ Nǐ huì shuō Hányǔ ma?
▷ Tā bú huì shuō Hányǔ.
▷ Tā bú huì shuō Hányǔ.

- 당신은 수영을 할 수 있나요?
- 그는 수영을 할 수 없습니다.
- 그녀는 수영을 할 수 없습니까?

▷ Nǐ huì yóuyǒng ma?
▷ Tā bú huì yóuyǒng.
▷ Tā bú huì yóuyǒng ma?

- 그는 자전거를 탈 수 있나요?
- 그녀는 자전거를 탈 수 없어요.
- 그녀는 오토바이를 탈 줄 모릅니다.

▷ Tā huì qí zìxíngchē ma?
▷ Tā bú huì qí zìxíngchē.
▷ Tā bú huì qí mótuōchē.

STEP 04

문장 큰 소리로 문장을 읽어 봅시다

- 당신은 줄 수 있나요?
- 저는 줄 수 없어요.
- 당신은 무엇을 줄 수 있나요?

- 몇 개를 줄 수 있어요?
- 한 개를 줄 수 있어요.
- 두 개는 줄 수 없어요.

- 저에게 줄 수 있나요?
- 당신에게 줄 수 없어요.
- 그에게 줄 수 없나요?

- 저에게 두 개를 줄 수 있나요?
- 당신에게 두 개를 줄 수 있습니다.
- 왜요?

▷ Nǐ néng gěi ma?
▷ Wǒ bù néng gěi.
▷ Nǐ néng gěi shénme?

▷ Néng gěi jǐ ge?
▷ Néng gěi yí ge.
▷ Bù néng gěi liǎng ge.

▷ Néng gěi wǒ ma?
▷ Bù néng gěi nǐ.
▷ Bù néng gěi tā ma?

▷ Néng gěi wǒ liǎng ge ma?
▷ Néng gěi nǐ liǎng ge.
▷ Wèishénme?

STEP 05 문장 큰 소리로 문장을 읽어 봅시다

- 당신은 운전을 할 수 있나요?
- 저는 운전을 할 수 없습니다.
- 저는 술을 마셨습니다.

- 우리는 몇 개를 살 수 있나요?
- 그는 무엇을 살 수 있나요?
- 저는 10개를 살 수 있어요.
- 그는 10개를 살 수 없어요.
- 그는 책을 살 수 있어요.

- 당신은 술을 마실 수 있나요?
- 그녀는 술을 마시질 못해요.

- 언제 베이징에 갈 수 있나요?
- 내년에 갈 수 있습니다.

▷ Nǐ néng kāichē ma?
▷ Wǒ bù néng kāichē.
▷ Wǒ hējiǔ le.

▷ Wǒmen néng mǎi jǐ ge?
▷ Tā néng mǎi shénme?
▷ Wǒ néng mǎi shí ge.
▷ Tā bù néng mǎi shí ge.
▷ Tā néng mǎi shū.

▷ Nǐ néng hējiǔ ma?
▷ Tā bù néng hējiǔ.

▷ Shénme shíhou néng qù Běijīng?
▷ Míngnián néng qù.

STEP 06 발음 어려운 발음을 차근차근 연습해 봅시다

TIP 1

'yóuyǒng'의 발음

'yóuyǒng'에서 'yóu'는 얼핏 들으면 '요'처럼 들리지만, 'you' 발음은 'iou' 발음이기 때문에 반드시 초성인 'i'를 정확하게 발음해 주어야 합니다. 입 모양을 'i'로 시작하여 '이어우'라고 발음하면 됩니다.

TIP 2

'iang'의 발음

'liǎng ge' 역시 '량거'로 발음하기 쉽습니다. 이 발음에서도 'a' 앞의 'i' 발음을 주의해야 합니다. 즉 '리양거'라고 하는 것이 올바른 발음입니다.

- lǐngjiǎng
- xiǎngxiàng

DAY 18

언제 돌아오나요?

▼▼▼▼
학습목표

___

시간과 방향을 나타내는 다양한 표현을 배웁니다.

STEP 01

단어 큰 소리로 단어를 읽어 봅시다

- 돌아오다 huílái
- 돌아가다 huíqù
- 올라오다 shànglái
- 올라가다 shàngqù
- 내려오다 xiàlái
- 내려가다 xiàqù
- 오전 shàngwǔ
- 오후 xiàwǔ
- 아침 zǎoshang
- 저녁 wǎnshang

- 점심 zhōngwǔ
- 새벽 língchén

STEP 02

문장 큰 소리로 문장을 읽어 봅시다

- 오다.
- 가다.
- 돌아오다.
- 돌아가다.

- 올라오다.
- 올라가다.
- 내려오다.
- 내려가다.

- 돌아오나요?
- 돌아가나요?
- 올라오나요?
- 올라가나요?

- 내려오나요?
- 내려가나요?

▷ Lái.
▷ Qù.
▷ Huílái.
▷ Huíqù.

▷ Shànglái.
▷ Shàngqù.
▷ Xiàlái.
▷ Xiàqù.

▷ Huílái ma?
▷ Huíqù ma?
▷ Shànglái ma?
▷ Shàngqù ma?

▷ Xiàlái ma?
▷ Xiàqù ma?

STEP 03 문장 큰 소리로 문장을 읽어 봅시다

- 언제 돌아오나요?
- 오전에 돌아옵니다.
- 오후에 돌아옵니다.

- 언제 돌아가나요?
- 아침에 돌아갑니다.
- 저녁에 돌아갑니다.

- 언제 올라오나요?
- 내일 올라옵니다.
- 점심에 올라옵니다.

- 언제 올라가나요?
- 오전에 돌아갑니다.
- 새벽에 돌아갑니다.

▷ Shénme shíhou huílái?
▷ Shàngwǔ huílái.
▷ Xiàwǔ huílái.

▷ Shénme shíhou huíqù?
▷ Zǎoshang huíqù.
▷ Wǎnshang huíqù.

▷ Shénme shíhou shànglái?
▷ Míngtiān shànglái.
▷ Zhōngwǔ shànglái.

▷ Shénme shíhou shàngqù?
▷ Shàngwǔ huíqù.
▷ Língchén huíqù.

STEP 04 문장 큰 소리로 문장을 읽어 봅시다

- 몇 시에 돌아갑니까?
- 3시에 올라갑니다.
- 6시에 올라갑니다.

- 4시에 내려와서 봅니다.
- 7시에 내려와서 먹어요.
- 10시에 내려와서 마십니다.

- 몇 시에 내려갑니까?
- 11시에 내려갑니다.
- 5시에 내려갑니다.

- 1시에 돌아와서 먹습니다.
- 2시에 돌아가서 봅니다.
- 8시에 돌아와서 말합니다.

▷ Jǐ diǎn huíqù?
▷ Sān diǎn shàngqù.
▷ Liù diǎn shàngqù.

▷ Sì diǎn xiàlái kàn.
▷ Qī diǎn xiàlái chī.
▷ Shí diǎn xiàlái hē.

▷ Jǐ diǎn xiàqù?
▷ Shíyī diǎn xiàqù.
▷ Wǔ diǎn xiàqù.

▷ Yī diǎn huílái chī.
▷ Liǎng diǎn huíqù kàn.
▷ Bā diǎn huílái shuō.

STEP 05

문장 큰 소리로 문장을 읽어 봅시다

- 너는 돌아가라.
- 그는 돌아온다.
- 너는 올라와라.
- 그는 올라간다.

- 나는 내려간다.
- 그녀는 내려온다.
- 언제 돌아와서 밥을 먹나요?
- 언제 돌아와서 보나요?

- 다음 달 10일에 돌아가서 만나요.
- 저녁 7시에 돌아와서 밥을 먹어요.
- 다음 주 토요일에 돌아가서 줄게요.
- 내년에 돌아가면 만납시다.

▷ Nǐ huíqù ba.
▷ Tā huílái.
▷ Nǐ shànglái ba.
▷ Tā shàngqù.

▷ Wǒ xiàqù.
▷ Tā xiàlái.
▷ Shénme shíhou huílái chīfàn?
▷ Shénme shíhou huílái kàn?

▷ Xiàyuè shí hào huíqù jiànmiàn.
▷ Wǎnshang qī diǎn huílái chīfàn.
▷ Xiàxīngqīliù huíqù gěi.
▷ Míngnián huíqù jiànmiàn.

STEP 06 발음 어려운 발음을 차근차근 연습해 봅시다

TIP 1 중국어의 방향동사

아래와 같이 방향을 나타내는 동사를 '방향동사'라 합니다. 이 단어들은 뒷글자에 성조가 있기는 하지만 실제로 발음할 때 경성처럼 가볍게 발음하는 것이 특징입니다.

> huílái huíqù shànglái shàngqù xiàlái xiàqù

▼

> huílai huíqù shànglai shàngqu xiàlai xiàqu

TIP 2 'yī'의 성조 변화

숫자 1을 나타내는 'yī'는 원래 1성입니다. 그러나 뒤에 나오는 글자의 성조에 따라서 성조가 변합니다. 다음 단어를 큰 소리로 연습해 봅시다.

yìdiǎn 약간   yìbǎi 백(100)   yìqiān 천(1000)
yíwàn 일만(10000) yìrén 한 사람   yí ge 한 개

DAY 18 언제 돌아오나요?

DAY 19

안녕하세요

▼▼▼▼
학습목표

상대의 안부를 묻는 다양한 인사 표현을 배웁니다.

STEP 01 단어 큰 소리로 단어를 읽어 봅시다

- 지내다 guò
- 꽤, 아주 hǎo
- 오래다 jiǔ
- 만났다 jiàndào
- 성 xìng
- 귀하다 guì
- 부르다 jiào
- 이름 míngzi
- 고맙습니다 xièxie
- 별 말씀을 bú kèqi
- 필요 없다 bú yòng

- 점심 wǔfàn
- 저녁 wǎnfàn
- 요리 cài
- 좋아하다 xǐhuan
- 샤브샤브 huǒguō
- 요즘 zuìjìn
- 바쁘다 máng
- 그런대로 괜찮다 hái kěyǐ
- 신체 shēntǐ

STEP 02

문장 큰 소리로 문장을 읽어 봅시다

- 안녕하세요!
- 안녕하셨어요?
- 나는 좋아. 너는?

- 저도 좋습니다.
- 그는 어때요?
- 잘 지냅니까?

- 잘 지냅니다. 그녀는요?
- 그녀도 잘 지냅니다.
- 오래간만입니다.

- 오랫동안 만나지 못했네요.
- 만나서 반갑습니다.

▷ Nǐ hǎo!
▷ Nǐ hǎo ma?
▷ Wǒ hěn hǎo. Nǐ ne?

▷ Wǒ yě hěn hǎo.
▷ Tā zěnmeyàng?
▷ Guòde hǎo ma?

▷ Guòde hěn hǎo. Tā ne?
▷ Tā yě hěn hǎo.
▷ Hǎojiǔ bújiàn.

▷ Hǎojiǔ méi jiànmiàn.
▷ Hěn gāoxìng jiàndào nín.

STEP 03 문장 큰 소리로 문장을 읽어 봅시다

- 성씨가 무엇입니까?
- 성이 무엇입니까?
- 저는 김씨입니다.
- 저는 이씨입니다.

- 그의 성은 무엇입니까?
- 그는 이씨입니다.
- 당신의 이름은 무엇입니까?
- 제 이름은 김한국입니다.

- 그녀의 이름은 무엇입니까?
- 당신의 이름은 매우 예쁩니다.
- 그의 이름은 무엇입니까?
- 그는 박씨가 아닌가요?

▷ Nín guìxìng?
▷ Nǐ xìng shénme?
▷ Wǒ xìng Jīn.
▷ Wǒ xìng Lǐ.

▷ Tā xìng shénme?
▷ Tā xìng Lǐ.
▷ Nǐ jiào shénme míngzi?
▷ Wǒ jiào Jīn Hánguó.

▷ Tā jiào shénme míngzi?
▷ Nǐ de míngzi hěn piàoliang.
▷ Tā de míngzi shì shénme?
▷ Tā bú xìng Piáo ma?

STEP 04 문장 큰 소리로 문장을 읽어 봅시다

- 고맙습니다.
- 별 말씀을요.
- 고마워할 필요 없습니다.

- 당신은 그에게 감사해야 합니다.
- 그는 당신에게 감사해야 합니다.
- 당신에게 감사합니다.

- 이거 맛있나요?
- 오늘 점심 어떠셨어요?
- 오늘 저녁 맛있었습니다.

- 오늘 요리 어떠셨어요?
- 아주 맛있어요.
- 그다지 맛있지 않습니다.

▷ Xièxie!
▷ Bú kèqi.
▷ Bú yòng xiè!

▷ Nǐ yào gǎnxiè tā.
▷ Tā yào gǎnxiè nǐ.
▷ Xièxie nǐ.

▷ Zhège hǎochī ma?
▷ Jīntiān wǔfàn hǎochī ma?
▷ Jīntiān wǎnfàn hěn hǎochī.

▷ Zhège cài zěnmeyàng?
▷ Hěn hǎochī.
▷ Bú tài hǎochī.

STEP 05

문장 큰 소리로 문장을 읽어 봅시다

- 중국요리 좋아하세요?
- 중국요리를 좋아하지 않아요.
- 한국요리를 좋아합니다.

- 중국차를 좋아합니다.
- 한국차를 그다지 좋아하지 않습니다.
- 샤브샤브를 좋아합니까?

- 그곳 날씨는 어때요?
- 중국도 더워요.
- 서울도 추워요.

- 요새 바쁘세요?
- 그런대로 괜찮습니다.
- 건강하십니까?

▷ Xǐhuan zhōngguócài ma?
▷ Bù Xǐhuan zhōngguócài.
▷ Xǐhuan hánguócài.

▷ Xǐhuan zhōngguóchá.
▷ Bú tài Xǐhuan hánguóchá.
▷ Xǐhuan huǒguō ma?

▷ Nàr tiānqì zěnmeyàng?
▷ Zhōngguó yě hěn rè.
▷ Shǒu'ěr yě hěn lěng.

▷ Zuìjìn máng ma?
▷ Hái kěyǐ.
▷ Shēntǐ hǎo ma?

STEP 06 발음 어려운 발음을 차근차근 연습해 봅시다

TIP 1
중국어 3성의 성조 변화

3성인 단어가 연속적으로 올 때 **가장 마지막 글자만 3성으로 발음**하고 그 앞의 글자는 모두 2성으로 발음합니다. 일반적으로 두세 글자의 경우 이러한 규칙을 지키게 되는데, 네 글자 이상인 경우 원칙을 반드시 따르지는 않습니다. 다음 두 문장을 살펴봅시다.

1) Wǒ yě hěn hǎo. 나도 좋다.

　이 문장의 경우 'Wó yé hén hǎo'처럼 두 글자씩 끊어서 '2성+3성, 2성+3성'으로 발음할 수 있습니다.

2) Shǒu'ěr yě hěn lěng. 서울도 매우 춥다.

　이 문장의 경우 'Shóu'ěr yé hén lěng'처럼 '2성+3성, 2성+2성+3성'으로 끊어서 발음해도 좋습니다.

DAY 20

주간 연습 및 시험

▼▼▼▼
학습목표

그동안 배웠던 표현을 활용하여 다양한 문장을 만들어 봅니다.

STEP 01 단어 큰 소리로 단어를 읽어 봅시다

- 떡볶이 chǎoniángāo

- 컴퓨터 게임을 하다 wánr diànnǎo yóuxì

- 햄버거 hànbǎobāo

- 집에 가다 huíjiā

- 숙제를 하다 zuò zuòyè

- 퇴근하다 xiàbān

- 조금·약간 yìdiǎnr

STEP 02

문장 큰 소리로 문장을 읽어 봅시다

- 너희는 먹고 싶니?
- 우리는 먹고 싶지 않아.
- 너희들은 무엇이 먹고 싶니?
- 그녀들은 떡볶이가 먹고 싶다.

- 너는 무엇을 하고 싶니?
- 우리는 아무 것도 하고 싶지 않아.
- 나는 컴퓨터 게임을 하고 싶다.
- 나는 책을 보고 싶다.

- 우리는 일하고 싶어.
- 나도 내일 출근하고 싶다.
- 내일 만나요.
- 내일은 토요일입니다.

▷ Nǐmen xiǎng chī ma?
▷ Wǒmen bù xiǎng chī.
▷ Nǐmen xiǎng chī shénme?
▷ Tāmen xiǎng chī chǎoniángāo.

▷ Nǐ xiǎng gàn shénme?
▷ Wǒmen shénme yě bù xiǎng gàn.
▷ Wǒ xiǎng wánr diànnǎo yóuxì.
▷ Wǒ xiǎng kàn shū.

▷ Wǒmen xiǎng gōngzuò.
▷ Wǒ yě xiǎng míngtiān shàngbān.
▷ Míngtiān jiàn.
▷ Míngtiān xīngqīliù.

STEP 03 문장 큰 소리로 문장을 읽어 봅시다

- 나는 쉬고 싶지 않다.
- 그들은 비빔밥을 먹으려 한다.
- 그녀는 햄버거를 먹으려 한다.
- 저녁에 영화를 보려고 한다.

- 집에 가면 뭐 할거니?
- 그는 요리를 할 겁니다.
- 그녀는 숙제를 할 겁니다.
- 퇴근하고 집에 가지 않아요.

- 너는 중국어를 할 줄 아니?
- 조금 할 줄 압니다.
- 할 줄 모릅니다.
- 나는 한국어를 할 줄 압니다.

▷ Wǒ bù xiǎng xiūxi.
▷ Tāmen yào chī bànfàn.
▷ Tā yào chī hànbǎobāo.
▷ Wǎnshang yào kàn diànyǐng.

▷ Huíjiā yào gàn shénme?
▷ Tā yào zuòcài.
▷ Tā yào zuò zuòyè.
▷ Xiàbān bù huíjiā.

▷ Nǐ huì shuō Hànyǔ ma?
▷ Huì shuō yìdiǎnr.
▷ Bú huì shuō.
▷ Wǒ huì shuō Hányǔ.

STEP 04

문장 큰 소리로 문장을 읽어 봅시다

- 너 줄 수 있니 없니?
- 나는 줄 수 없어.
- 우리는 두 개를 줄 수 있어.
- 너희는 몇 개를 줄 수 있니?

▷ Nǐ néng bu néng gěi?
▷ Wǒ bù néng gěi.
▷ Wǒmen néng gěi liǎng ge.
▷ Nǐmen néng gěi jǐ ge?

- 내년에 만날 수 있어요?
- 올해 만날 수 있어요?
- 언제 갈 수 있어요?
- 지금 갈 수 있어요.

▷ Míngnián néng jiànmiàn ma?
▷ Jīnnián néng jiànmiàn ma?
▷ Shénme shíhou néng qù?
▷ Xiànzài néng qù.

- 이것은 먹을 수 있어요?
- 저것은 먹을 수 있어요.
- 이것은 먹을 수 없어요.
- 저것은 마실 수 없어요.

▷ Zhège néng chī ma?
▷ Nàge néng chī.
▷ Zhège bù néng chī.
▷ Nàge bù néng hē.

STEP 05 문장 큰 소리로 문장을 읽어 봅시다

- 언제 돌아오나요?
- 언제 집에 가나요?
- 오늘 저녁 9시에 돌아갑니다.
- 내일 아침 8시에 집에 갑니다.

- 우리는 돌아가지 않아요?
- 우리는 돌아가지 않습니다.
- 그들은 저녁에 집에 가서 무엇을 하나요?
- 그들은 집에 가서 TV를 봅니다.

- 올라오세요.
- 내려가세요.
- 내려옵니까?
- 올라갑니까?

▷ Shénme shíhou huílái?
▷ Shénme shíhou huíjiā?
▷ Jīntiān wǎnshang jiǔ diǎn huíqù.
▷ Míngtiān zǎoshang bā diǎn huíjiā.

▷ Wǒmen bù huíqù ma?
▷ Wǒmen bù huíqù.
▷ Tāmen wǎnshang huíjiā gàn shénme?
▷ Tāmen huíjiā kàn diànshì.

▷ Shànglái ba.
▷ Xiàqù ba.
▷ Xiàlái ma?
▷ Shàngqù ma?

STEP 06

발음 어려운 발음을 차근차근 연습해 봅시다

TIP 1
'míngtiān'의 발음

'míngtiān'을 발음할 때 일부 지역 사람들은 뒷글자 'tiān'을 1성으로 발음하지 않고 가볍게 흘리듯 발음하기도 합니다. 연습해 봅시다.

qiántian 그제   zuótian 어제   jīntian 오늘
míngtian 내일   hòutian 모레

TIP 2
'wan(r)'의 발음

'wan(r)'은 '완'이라고 발음할 수도 있고 '왈'이라고 발음할 수도 있습니다. 여기서 'r'은 '얼화(儿化)'라고 하는데, 중국어에서는 몇몇 단어 뒤에 '儿[ér]'을 붙여 말을 더 맛깔스럽게 표현합니다. 명사의 경우 주로 작거나 귀여운 것에 붙이기도 하는데요. 몇 가지 단어를 연습해 봅시다.

huār 꽃   shìr 일   xiǎohair 어린이   míngpáir 유명 브랜드

본문 한자

1과

STEP 02
我来。你来。他来。
你来吗？他来吗？她来吗？
我来北京。你来上海。他来韩国。
你来北京吗？他来上海吗？她来中国吗？

STEP 03
我去。你去。他去。
你去吗？他去吗？她去吗？
我去北京。你去上海。他去韩国。
你去上海吗？他去韩国吗？她去中国吗？

STEP 04
你不来。他不来。她不来。
你不来吗？他不来吗？她不来吗？
你不来学校。他不来医院。她不来商店。
你不来学校吗？他不来医院吗？
她不来公司吗？

STEP 05
我不去。你不去。他不去。
你不去吗？他不去吗？她不去吗？
我不去公司。你不去学校。她不去商店。
你不去公司吗？他不去学校吗？
她不去医院吗？

2과

STEP 02
我吃。你吃。他吃。
你吃吗？他吃吗？她吃吗？
我吃饭。你吃米线。他吃中国菜。
你吃饭吗？他吃中国菜吗？她吃韩国菜吗？

STEP 03
我喝。你喝。他喝。
你喝吗？他喝吗？她喝吗？
我喝茶。你喝酒。他喝可乐。
你喝茶吗？他喝可乐吗？她喝苹果汁吗？

STEP 04
我不吃。你不吃。他不吃。
你不吃吗？他不吃吗？她不吃吗？
我不吃饭。你不吃米线。他不吃中国菜。
你不吃饭吗？他不吃中国菜吗？
她不吃韩国菜吗？

STEP 05
我不喝。你不喝。他不喝。
你不喝吗？他不喝吗？她不喝吗？
我不喝茶。你不喝酒。他不喝苹果汁。
你不喝茶吗？他不喝酒吗？她不喝可乐吗？

3과

STEP 02
爷爷看。爸爸看。妈妈看。
奶奶看吗？爸爸看吗？妈妈看吗？
爷爷看电视。爸爸看报。妈妈看电影。
奶奶看书吗？爸爸看报吗？妈妈看电影吗？

STEP 03
姐姐听。哥哥听。妹妹听。
姐姐听吗？哥哥听吗？弟弟听吗？
姐姐听音乐。哥哥听歌。妹妹听课。
姐姐听音乐吗？哥哥听歌吗？弟弟听课吗？

STEP 04
姐姐不看。哥哥不看。妹妹不看。
姐姐不看吗？哥哥不看吗？妹妹不看吗？
姐姐不看电视。哥哥不看书。妹妹不看小说。
哥哥不看电视吗？妹妹不看小说吗？
弟弟不看电影吗？

STEP 05
爷爷不听。爸爸不听。妈妈不听。
爷爷不听吗？爸爸不听吗？妈妈不听吗？
奶奶不听歌。爸爸不听音乐。妈妈不听课。
爷爷不听音乐吗？奶奶不听歌吗？
爸爸不听课吗？

4과

STEP 02
我买。你买。他买。
你买吗？他买吗？她买吗？
我买东西。你买苹果。他买水果。
你买吗？他买苹果吗？她买电脑吗？

STEP 03
爷爷说。爸爸说。妈妈说。
奶奶说吗？爸爸说吗？妈妈说吗？
爷爷说汉语。爸爸说韩语。妈妈说日语。
奶奶说汉语吗？爸爸说韩语吗？
妈妈说日语吗？

STEP 04
哥哥不买。姐姐不买。妹妹不买。
哥哥不买吗？姐姐不买吗？弟弟不买吗？
哥哥不买衣服。姐姐不买矿泉水。
弟弟不买书。
哥哥不买衣服吗？姐姐不买矿泉水吗？
妹妹不买化妆品吗？

STEP 05
我不说。你不说。他不说。
你不说吗？他不说吗？她不说吗？
我不说英语。你不说日语。他不说法语。
你不说英语吗？他不说日语吗？
她不说法语吗？

5과

STEP 02
哥哥去银行。姐姐去百货商店。
妹妹去酒店。弟弟去机场。
爸爸来车站。妈妈来火车站。
爷爷来公园。奶奶来银行。
你喝橙汁吗？我喝草莓汁。
他不喝可乐。她喝葡萄汁。

STEP 03
我看中国报纸。你看不看韩国报纸？
他不看韩国报纸。她不看报纸。
奶奶吃拌饭。爷爷喝啤酒。
妈妈看杂志。爸爸看足球。
你听音乐吗？我不听音乐。
他听古典音乐。她不听古典音乐。

STEP 04
我买葡萄。你买草莓。他买水果。她不买橙子。
哥哥说汉语。姐姐说韩语。
妹妹说日语。弟弟说德语。
奶奶买化妆品。爷爷买报纸。
爸爸买笔。妈妈买中国杂志。

STEP 05
你看不看？他听不听？她吃不吃？你喝不喝？
爷爷来不来？奶奶去不去？
爸爸买不买？妈妈听不听？
哥哥说不说？姐姐写不写？
弟弟念不念？妹妹喝不喝？

6과

STEP 02
这是杯子。这是椅子。这是桌子。
那是衣服吗？那是化妆品吗？那是电脑吗？
这是我的杯子。这是你的椅子。这是他的桌子。
那是你的杯子吗？那是他的椅子吗？
那是她的电脑吗？

STEP 03
这不是衣服。这不是化妆品。这不是电脑。
那不是衣服吗？那不是椅子吗？那不是桌子吗？
这不是我的化妆品。这不是你的衣服。
这不是他的电脑。
那不是你的衣服吗？那不是他的椅子吗？
那不是她的桌子吗？

STEP 04
这是我的爸爸。这是我的妈妈。这是我的哥哥。
那是医生吗？那是学生吗？那是老师吗？
这是她的爸爸。这是你的妈妈。这是他的哥哥。
那是你的学生吗？那是他的老师吗？
那是她的朋友吗？

STEP 05
这不是我的哥哥。这不是我的奶奶。
这不是我的姐姐。
那不是你的爷爷吗？那不是他的奶奶吗？
那不是她的姐姐吗？
这不是我的老师吗？这不是你的朋友吗？
这不是他的学生吗？
那是他的老师。那是我的朋友。那是他的哥哥。

7과

STEP 02
这是我的。这是你的。这是他的。
那是你的吗？那是他的吗？那是她的吗？
这是我买的。这是你看的。这是他听的。
那是你买的吗？那是你看的吗？那是她说的吗？

STEP 03
这是学校。这是公司。这是医院。
那是教室吗？那是卫生间吗？那是办公室吗？
这不是办公室。这不是教室。这不是卫生间。
那不是学校吗？那不是公司吗？那不是医院吗？

STEP 04
这是我们的图书馆。这是你们的银行。
这是他们的家。
那是你的饭馆吗？那是他们的酒店吗？
那是他的卧室吗？
这不是我们的酒店。这不是你们的卧室。
这不是她们的厨房。
那不是我们的家吗？那不是你们的银行吗？
那不是他们的图书馆吗？

STEP 05
这是不是我朋友的？这是不是我们做的？
这是不是他们买的？
那是我们吃的。那是朋友们喝的。
那是妈妈们听的。
那不是你们看的。那不是他买的。
那不是妹妹听的。
这不是她看的吗？这不是你听的吗？
这不是爷爷买的吗？

8과

STEP 02
我有妹妹。他有哥哥。她有弟弟。
我有一个妹妹。他有两个哥哥。她有三个弟弟。
你有妹妹吗？他有哥哥吗？她有姐姐吗？
你有两个妹妹吗？他有一个哥哥吗？
她有几个哥哥？

STEP 03
我没有弟弟。他没有姐姐。她没有妹妹。
你没有弟弟吗？他没有姐姐吗？她没有妹妹吗？
我有书。你有苹果。他有矿泉水。
你有书吗？他有苹果吗？她有化妆品吗？

STEP 04
这儿有电脑。那儿有衣服。
这儿有医院。那儿有银行。
这儿有电脑吗？那儿有衣服吗？
这儿有医院吗？那儿有银行吗？
这儿没有电脑。那儿没有衣服。
这儿没有医院。那儿没有银行。

STEP 05
有几个？没有几个。
有一个。有两个。
有三个。有四个。
有五个。有六个。
有七个。有八个。
有九个。有十个。

9과

STEP 02
我的家。你的家。他的家。她的家。
你的家在哪儿？他的家在哪儿？她的家在哪儿？
我的家在首尔。她的家在北京。她的家在香港。
你的家有几口人？他的家有几口人？
她的家有几口人？

STEP 03
我家有四口人。他家有五口人。她家有六口人。
我家有爸爸、妈妈、妹妹和我。
他家有奶奶、爸爸、妈妈、哥哥和他。
她家有爷爷、奶奶、爸爸、妈妈、姐姐、弟弟和她。
你有女儿吗？他有儿子吗？她没有女儿吗？
她有两个女儿。我有一个儿子和一个女儿。
我没有儿子。

STEP 04
现在几点？
现在一点。现在两点。现在三点。
现在四点。现在五点。现在六点。
现在七点。现在八点。现在九点。
现在十点。现在十一点。现在十二点。

STEP 05
我们几点去？你们几点来？他们几点看？
我们十二点去。他们一点半见面。
她们两点半见面。
我们几点见面？他们几点见面？她们几点见面？
我们六点半见面。他们七点半见面。
她们五点半见面。

10과

STEP 02
这不是葡萄汁。这是草莓汁。
这是橙汁。这是苹果汁。
那是手机。那是冰箱。
那是花。那不是鞋子。
这是啤酒。这不是汽水。
那是电脑。那是词典。

STEP 03
这是不是你的？这是不是他的？
这是不是她的？
这是我的。这不是他的。这是她的。
那是不是买的？那是不是看的？
那是不是吃的？
那不是买的。那不是看的。那是吃的。

STEP 04
这是谁买的？这是爸爸买的。这不是妈妈买的。
那是你吃的吗？那不是我吃的。那是我弟弟吃的。
我有一个哥哥和一个姐姐。你有几个弟弟？
他没有哥哥。
她没有姐姐吗？爸爸有两个哥哥。
妈妈有三个姐姐。

STEP 05
他有几个？他有五个。你有几个？
现在几点？现在六点。我们几点吃？
他们六点见面。这儿没有便利店吗？
那儿有便利店。
这儿有我的吗？这儿没有他的。那儿有我的。

11과

STEP 02
这个好吗？这个很好。这个不好。
那个好吗？那个很好。那个不好。
这个大吗？这个很大。这个不大。
那个小吗？那个很小。那个不小。

STEP 03
这个多吗？这个很多。这个不多。
那个少吗？那个很少。那个不少。
这个怎么样？那个怎么样？这个不怎么样。
哪个大？这个大。那个小。

STEP 04
大的好吗？大的不好。大的很好。
小的好吗？小的不好。小的很好。
多的好吗？多的不好。多的很好。
少的好吗？少的不好。少的很好。

STEP 05
大的是谁的？大的是我的。大的不是我的。
小的是谁的？小的是他的。小的不是他的。
多的是谁的？多的是她的。多的不是她的。
少的是谁的？少的是你的。少的不是你的。

12과

STEP 02
今天天气怎么样？今天天气好吗？
今天天气很好。今天天气不好。
明天天气怎么样？明天天气好吗？
明天天气很好。明天天气不好。
昨天天气怎么样？昨天天气好吗？
昨天天气很好。昨天天气不好。

STEP 03
昨天很热。今天很热。明天怎么样？
昨天热吗？今天热吗？明天热吗？
昨天很冷。今天很冷。今天冷吗？
昨天不冷。今天不冷。明天冷吗？

STEP 04
你高兴吗？这个漂亮吗？她漂亮吗？
我很高兴。这个很漂亮。她很漂亮。
我不太高兴。这个不太漂亮。他不太高兴。
她不太漂亮。我见到你很高兴。
我认识你很高兴。

STEP 05
你的好看吗？我的很好看。我的不太好看。
买的好吗？买的很好。买的不太好。
他买的好吗？他买的很好。他买的不太好。
你看的好看吗？我看的很好看。我看的不好看。

13과

STEP 02
昨天几号？昨天十号。
今天几号？今天十一号。
上月几月？上月五月。
这月六月。下月七月。
昨天几月几号？昨天十月一号。
明天几月几号？明天十月三号。

STEP 03
今天星期几？今天星期五。
昨天星期几？昨天星期四。
明天星期天吗？明天不是星期天。
这星期。上星期。下星期。
上星期没去。这星期去吗？下星期去。

STEP 04
今年哪年？今年二零一七年。
今年十几年？今年一八年。
去年二零一六年。明年二零一八年。
什么时候去北京？这月去北京吗？
上月没去北京。这月不去北京。
下月去吗？下月去北京。

STEP 05
他下星期去中国。她下星期去韩国。
你这月去首尔吗？我下月去首尔。
这星期很冷。下星期冷吗？
这星期很热。下星期也热吗？
这星期天干什么？下星期六干什么？
这星期天工作。下星期一不工作。

14과

STEP 02
我吃了。你吃了吗？他没吃。他不吃。
他喝了。他喝了吗？她没喝。她不喝。
我吃饭了。你吃饭了吗？我没吃饭。我不吃饭。

STEP 03
你看了吗？我看了。
你看过吗？我看过。
你看了中国电影吗？我没看中国电影。
你看过中国电影吗？我没看过中国电影。
他吃过中国菜吗？他没吃过中国菜。
她来过中国吗？她来过一次中国。

STEP 04
你哥哥学了汉语吗？我哥哥没学汉语。
我哥哥学了汉语。我姐姐学过汉语。
我买了。你呢？他没买。她呢？
他去过。你呢？我喝过中国茶。你呢？
她听过中国歌。你呢？这个很好。那个呢？
这个很好看。你的呢？你的很贵。他的呢？
那个是买的。这个呢？

STEP 05
我们看吧。我们去吧。
我们吃吧。我们喝吧。
我们买穿的吧。我们卖喝的吧。
我们说汉语吧。我们听课吧。
你们写信吧。你们坐这儿吧。
你们看电影吧。你们去中国吧。

15과

STEP 02
这个好吗？这个很好。
那个好吗？那个不好。
谁的好？她的很好。
他的好吗？他的不好。
贵的很好。便宜的很好。
贵的不好吗？便宜的是我的。

STEP 03
今天热吗？今天不太热。
今天冷吗？今天不太冷。
我的好看。你的好看吗？
他的更好看。她的更好看。
谁买的好？谁吃的好吃？
谁看的好看？谁听的好听？

STEP 04
今天星期六。星期六吃吗？
星期天见。星期五怎么样？
下星期去吗？下星期不去。
这星期去。这星期不去。
明天工作吗？后天不工作。
明天几点见面？后天十二点见。

STEP 05
去。去过。去过中国吗？
没去过中国。去过中国。
你说了吗？我说了。我没说。我不说。
还没去。还没来。还没吃。还没说。

16과

STEP 02
我想吃。你想吃吗？我不想吃。
你想吃什么？我不想吃米线。我想吃饭。
我想学。你想学吗？我不想学。
你想学什么？我不想学英语。我想学日语。

STEP 03
他想看什么？他不想看书。她想看电视。
你想干什么？我想休息。他不想休息。
他要去哪儿？他要去学校。他要去公司。
姐姐要买什么？姐姐要看报。姐姐要听音乐。

STEP 04
我不想逛街。明天不想去逛街吗？
我不想去逛街。
我想睡觉。你不想学汉语吗？
他今天不想工作。
你明天不想工作吗？你想干什么？
我想听古典音乐。
他不想听课。她不想说。我不想起床。

STEP 05
你要干什么？我要睡觉。
要几点起床？要七点起床。
明天要上班吗？明天要上班。
今天要干什么？明天要听课。
他要卖什么？他要卖书。
明天要干什么？明天要看电影。

17과

STEP 02
我说汉语。你说汉语吗?你会说汉语吗?
我会说汉语。他不会说汉语。她不会说汉语吗?
你会开车吗?我会开车。他不会开车。
她不会开车吗?她会开车。我不会开车。

STEP 03
她不会写汉字吗?他不会写汉字。
我会写汉字。
你会说韩语吗?他不会说韩语。
她不会说韩语。
你会游泳吗?他不会游泳。
她不会游泳吗?
他会骑自行车吗?她不会骑自行车。
她不会骑摩托车。

STEP 04
你能给吗?我不能给。你能给什么?
能给几个?能给一个。不能给两个。
能给我吗?不能给你。不能给他吗?
能给我两个吗?能给你两个。为什么?

STEP 05
你能开车吗?我不能开车。我喝酒了。
我们能买几个?他能买什么?我能买十个。
他不能买十个。他能买书。
你能喝酒吗?她不能喝酒。
什么时候能去北京?明年能去。

18과

STEP 02
来。去。回来。回去。
上来。上去。下来。下去。
回来吗?回去吗?上来吗?上去吗?
下来吗?下去吗?

STEP 03
什么时候回来?上午回来。下午回来。
什么时候回去?早上回去。晚上回去。
什么时候上来?明天上来。中午上来。
什么时候上去?上午回去。凌晨回去。

STEP 04
几点回去?三点上去。六点上去。
四点下来看。七点下来吃。十点下来喝。
几点下去?十一点下去。五点下去。
一点回来吃。两点回去看。八点回来说。

STEP 05
你回去吧。他回来。
你上来吧。他上去。
我下去。她下来。
什么时候回来吃饭?什么时候回来看?
下月十号回去见面。晚上七点回来吃饭。
下星期六回去给。明年回去见面。

19과

STEP 02
你好！你好吗？我很好。你呢？
我也很好。他怎么样？过得好吗？
过得很好。她呢？她也很好。好久不见。
好久没见面。很高兴见到您。

STEP 03
您贵姓？你姓什么？我姓金。我姓李。
他姓什么？他姓李。
你叫什么名字？我叫金韩国。
她叫什么名字。你的名字很漂亮。
他的名字是什么？他不姓朴吗？

STEP 04
谢谢！不客气。不用谢！
你要感谢他。他要感谢你。谢谢你。
这个好吃吗？今天午饭好吃吗？
今天晚饭很好吃。
这个菜怎么样？很好吃。不太好吃。

STEP 05
喜欢中国菜吗？不喜欢中国菜。喜欢韩国菜。
喜欢中国茶。不太喜欢韩国茶。喜欢火锅吗？
那儿天气怎么样？中国也很热。首尔也很冷。
最近忙吗？还可以。身体好吗？

20과

STEP 02
你们想吃吗？我们不想吃。
你们想吃什么？她们想吃炒年糕。
你想干什么？我们什么也不想干。
我想玩(儿)电脑游戏。我想看书。
我们想工作。我也想明天上班。
明天见。明天星期六。

STEP 03
我不想休息。他们要吃拌饭。
她要吃汉堡包。晚上要看电影。
回家要干什么？他要做菜。
她要做作业。下班不回家。
你会说汉语吗？会说一点儿。
不会说。我会说韩语。

STEP 04
你能不能给？我不能给。
我们能给两个。你们能给几个？
明年能见面吗？今年能见面吗？
什么时候能去？现在能去。
这个能吃吗？那个能吃。
这个不能吃。那个不能喝。

STEP 05
什么时候回来？什么时候回家？
今天晚上九点回去。明天早上八点回家。
我们不回去吗？我们不回去。
他们晚上回家干什么？他们回家看电视。
上来吧。下去吧。下来吗？上去吗？

홍상욱 프로필

- EBS 라디오 〈중국 중국어〉 집필 및 진행
- TBS 〈별난 중국어〉 진행
- YTN RADIO 〈신인류 문화기행, 중국〉 진행
- 저서 『나는 50문장으로 중국출장 간다』
  『나는 50문장으로 중국무역 한다』
  『신속배달 중국어』 등 다수

입이 트이는 중국어 ①

ⓒ EBS, 차이나하우스 2016

2016년 12월 20일 초판 인쇄
2016년 12월 25일 초판 발행

기　획 | 류남이 · 차공근 · 이정은
지은이 | 홍상욱
펴낸이 | 안우리
펴낸곳 | 차이나하우스

편　집 | 신효정
디자인 | 이주현 · 이수진
등　록 | 제 303-2006-00026호
주　소 | 서울시 영등포구 영등포동 8가 56-2
전　화 | 02-2636-6271　**팩　스 |** 0505-300-6271
이메일 | whayeo@hanmail.net
ISBN | 979-11-85882-29-1 13720

값: 8,300원

이 책은 저작권법에 따라 보호받는 저작물이므로 무단전재와 무단복제를 금지하며
이 책의 내용물 전부 또는 일부를 이용하려면 반드시 저작권자인 EBS와 차이나하우스의
서면동의를 받아야 합니다. 잘못 만들어진 책은 구입한 곳에서 바꿔드립니다.